COESÃO E COERÊNCIA EM NARRATIVAS ESCOLARES

COESÃO E COERÊNCIA
EM NARRATIVAS ESCOLARES

Lúcia Kopschitz Bastos

Martins Fontes
São Paulo 2008

Este trabalho foi inicialmente apresentado como dissertação de mestrado ao Departamento de Lingüística do Instituto de Estudos da Linguagem, UNICAMP, sob a orientação da professora Dra. Charlotte C. Galves.

Copyright © 1994, Livraria Martins Fontes Editora Ltda.,
São Paulo, para a presente edição.

1ª edição 1994
4ª tiragem 2008

Preparação do original
Vadim Valentinovitch Nikitin
Revisões gráficas
Marise Simões Leal
Teresa Cecília de Oliveira Ramos
Dinarte Zorzanelli da Silva
Produção gráfica
Geraldo Alves
Paginação
Renato C. Carbone

Dados Internacionais de Catalogação na Publicação (CIP)
(Câmara Brasileira do Livro, SP, Brasil)

Bastos, Lúcia Kopschitz
 Coesão e coerência em narrativas escolares / Lúcia Kopschitz Bastos. – São Paulo : Martins Fontes, 2001. – (Texto e linguagem)

Bibliografia.
ISBN 85-336-0824-1

1. Escrita 2. Narrativa (Retórica) 3. Redação (Literatura) I. Título. II. Série.

01-0588   CDD-808.0469

Índices para catálogo sistemático:
1. Redação : Português : Avaliação   808.0469

Todos os direitos desta edição reservados à
Livraria Martins Fontes Editora Ltda.
Rua Conselheiro Ramalho, 330 01325-000 São Paulo SP Brasil
Tel. (11) 3241.3677 Fax (11) 3105.6993
e-mail: info@martinsfonteseditora.com.br http://www.martinsfonteseditora.com.br

ÍNDICE

Introdução VII

PRIMEIRA PARTE

Capítulo 1 – Coesão e coerência 3
1. A questão coesão/coerência na situação escolar ... 15

Capítulo 2 – Coesão e coerência na narrativa 21
1. As funções narrativas – Labov e Waletzky 23
2. Um modelo dinâmico – Paul Larivaille 32
3. Um modelo de coesão textual – A teoria de Weinrich 38
   3.1. A atitude de locução 38
   3.2. A perspectiva de locução 40
   3.3. A *mise en relief* 41

3.4. A noção de transição 41
3.5. Tempos verbais, advérbios e pronomes 47
3.6. Para uma teoria mais flexível da relação coerência/coesão na narrativa 49

SEGUNDA PARTE

Capítulo 3 – Coerência narrativa................................ 55
1. Estrutura da narrativa e uso dos tempos verbais ... 55
   1.1. As transições 56
   1.2. Certos usos dos tempos verbais 66
      1.2.1. O presente... 66
      1.2.2. O pretérito perfeito 72
2. Os textos não-narrativos.. 76

Capítulo 4 – Coerência ligada à interlocução 81
1. Envolvimento do aluno com seu texto 81
   1.1. Como começam as narrativas....................... 82
   1.2. Como o aluno se coloca em seu texto 84
2. Conseqüências no nível da coesão: interferências de recursos orais no texto escrito 94
   2.1. Alternância comentário/narração – discurso direto do narrador e outros personagens ... 97
   2.2. Repetições 99

TERCEIRA PARTE

Capítulo 5 – Livros didáticos.................................. 109
Conclusão 119

Bibliografia.. 123
Notas 127
Anexo: As redações 141

INTRODUÇÃO

Baseando-nos principalmente em dois conceitos que tratam da organização textual, procuramos nesta dissertação explicações para os problemas encontrados nas redações escolares. Procuramos mostrar, interrogando-nos sobre a questão do ensino da escrita, quais são os recursos que faltam aos alunos para um bom desempenho na produção de textos narrativos escritos e o que eles fazem para suprir essas falhas. Por outro lado, procuramos propor instrumentos de análise aos professores e dar eventuais orientações para o ensino e correção da produção escrita.

Os dados com que trabalhamos constituem-se de narrativas escritas recolhidas em turmas da segunda série do segundo grau das seguintes escolas da cidade de Campinas, São Paulo, no segundo semestre de 1981:

Escola	Turno	Narrativas
Culto à Ciência	tarde	1 a 23
Culto à Ciência	tarde	24 a 44
Colégio Técnico da Unicamp	noite	45 a 57
Colégio Técnico da Unicamp	manhã	58 a 85

Os textos foram obtidos da maneira mais informal possível, dentro do contexto escolar: pedimos aos professores que obtivessem narrativas de seus alunos. Todos adotaram o mesmo procedimento, isto é, pediram a seus alunos que relatassem "um fato pitoresco, engraçado, estranho ou triste" ou que narrassem "um acontecimento engraçado que aconteceu em suas vidas".

Por que narrativas? Interessamo-nos, por um lado, pelo fenômeno de podermos, através do discurso, reconstituir uma realidade que se transforma e passar a nosso interlocutor a ordem cronológica dessas transformações. Como fazemos isso? Através de que recursos lingüísticos? Por outro lado, parece-nos que a escola tem privilegiado a narrativa no exercício da produção escrita, sem levar em conta a capacidade que os alunos têm de formular oralmente uma narrativa. Contar é realmente um comportamento humano característico; ouvimos e contamos histórias desde pequenos, contamos o que nos rodeia, o que vemos acontecer. E isso tem sido ignorado na escola e pelos livros didáticos, em geral.

O próprio exercício de produção escrita na escola é, em si, problemático. Veremos, ao longo deste trabalho, que é precária a manipulação da escrita: os alunos não dominam grande parte dos recursos lingüísticos que se encontram à sua disposição. Além disso, há outras questões, mais diretamente ligadas ao contexto escolar, à existência de um sujeito e à situação de comunicação, que interferem de maneira negativa no trabalho da produção escrita: o aluno, sujeito que escreve, pouco se compromete com seu texto e quase nunca tem um interlocutor verdadeiro.

O trabalho está organizado justamente em torno destes dois pontos: por um lado, preocupamo-nos com questões ligadas ao estabelecimento de um modelo de organização e funcionamento do texto narrativo e, por outro, com a inserção do texto numa situação de interlocução. Na primeira parte faremos uma exposição e discussão dos conceitos de COESÃO e COERÊNCIA com Halliday, Charolles e Widdowson. Veremos que, embora a terminologia utilizada em cada um deles seja diferente, os três autores nos levam a entender COESÃO e COERÊNCIA como dois níveis distintos e a ver que, num texto, é a COESÃO que decorre da COERÊNCIA. Ainda na primeira parte, examinaremos modelos de funcionamento de textos narrativos que podem ser entendidos como definidores da COERÊNCIA desse tipo de texto (com Labov e Waletzky e Paul Larivaille), além de teorias (como as de Weinrich e Benveniste) que se preocupam, entre outras coisas, com as marcas desse funcionamento, ou seja, com a COESÃO narrativa. Veremos que a COERÊNCIA dos textos narrativos se estabelece tanto no nível da estrutura propriamente dita de uma narrativa quanto no nível da inserção do texto numa determinada situação de comunicação.

A COERÊNCIA (nesses dois níveis) dos textos que recolhemos, bem como suas conseqüências no nível da COESÃO, será examinada na segunda parte do trabalho. Verificaremos, inicialmente, as relações que existem entre a estrutura da narrativa e o uso de determinados tempos verbais. Nesse ponto, abordaremos principalmente o fenômeno da passagem de uma seção da narrativa para outra, enfocando as mudanças que ocorrem nos tempos verbais. Trataremos com mais detalhes de dois tempos verbais particularmente interessantes no tocante à narrativa: o *presente* e o *pretérito perfeito*. Em seguida, examinaremos questões relativas à COERÊNCIA ligada à interlocução, através do que chamamos *envolvimento* do aluno com seu texto e, em estreita ligação com esse envolvimento, interferências de recursos que concorrem para o estabelecimento da COESÃO oral no texto escrito.

Na terceira parte, procuraremos mostrar como o ensino da narrativa tem sido tratado pelos livros didáticos e apresentaremos alguns trabalhos que condizem com os resultados de nossos estudos. Veremos, assim, que não se pode ensinar a compreensão e produção de textos sem se levar em conta dados relativos à organização de um texto e dados relativos à situação de interlocução na qual se inserem o texto e seu produtor.

PRIMEIRA PARTE

CAPÍTULO 1

COESÃO E COERÊNCIA

Neste capítulo nos propomos a apresentar os conceitos de COESÃO e COERÊNCIA através da discussão em torno dessas duas noções: trata-se de níveis distintos ou não? Todos os autores que consultamos distinguem dois níveis de análise, que corresponderiam ao nível da COESÃO e ao da COERÊNCIA, embora a terminologia usada por um e por outro autor seja diferente e os limites e a articulação entre os dois níveis de análise nem sempre sejam os mesmos.

Examinemos, inicialmente, Halliday e Hasan. Esses autores estabelecem dois níveis distintos de análise de um texto, definindo-os de maneira relativamente estanque. Definem a COESÃO como um conceito semântico, um conceito que se refere às relações de significado que existem dentro do texto e o definem como texto. Distinguem COESÃO GRAMATICAL e COESÃO LEXICAL, sendo que a diferença entre os dois conceitos é colocada como uma questão de grau: a COESÃO é expressa parcialmente através da gramática e parcialmente através do vocabulário. A COESÃO é para Halliday e Hasan uma relação semântica entre um elemento no texto e um outro elemento que é crucial para sua interpretação. Entretanto, a textura, ou seja, a qualidade de um texto ser um texto envolve, segundo Halliday e Hasan, mais do que a presença de relações semânticas, que chamam de relações coesivas. Envolve também um certo grau de COERÊNCIA, que inclui os vários componentes interpessoais (social, expressivo, conativo) – os *moods*, modalidades, intensidades e outras formas de influência do falante na situação de fala.

Em outras palavras, um texto, para Halliday e Hasan, é um extrato do discurso que é coerente em dois aspectos: é coerente em relação ao contexto de situação, portanto *consistente em registro*, e é coerente em relação a ele mesmo e, portanto, *coeso*. A textura resulta da combinação de configurações semânticas de dois tipos, dizem Halliday e Hasan, de REGISTRO e de COESÃO. Por REGISTRO, entendem "uma série de configurações semânticas que estão associadas a classes específicas de contextos de situação e que definem a substância do texto: *o que ele significa*, no sentido mais amplo, incluindo todos os componentes de seu significado – social, expressivo, comunicativo, representacional e etc."[1]. Por COESÃO, entendem "uma série de relações de significado que é geral para todas as classes de textos e que distingue o 'texto' do 'não-texto' e inter-relaciona entre si os sentidos do texto. A COESÃO não é uma questão do que um texto significa, mas de como está edificado semanticamente"[2]. Voltaremos mais adiante a este ponto.

O problema de como distinguir COESÃO e COE-

RÊNCIA é colocado também por Charolles. Enquanto Halliday e Hasan estabelecem dois níveis distintos e os definem de maneira estanque, Charolles não vê como determinar uma linha de demarcação entre dois níveis. Charolles não usa o termo COESÃO; faz uma distinção entre COERÊNCIA MICROESTRUTURAL e COERÊNCIA MACROESTRUTURAL. Para ele, COERÊNCIA e lineariedade textual estão relacionadas, ou seja, "não se pode questionar a coerência de um texto sem se levar em conta a ordem em que aparecem os elementos que o constituem"[3]. Essas seqüências de elementos estão incluídas numa unidade superior e última – o texto. Dessa forma, segundo Charolles, abordando o plano seqüencial ou o plano textual, os problemas de COERÊNCIA se colocam da seguinte maneira: no nível local ou microestrutural trata-se das relações de coerência entre as frases; no nível global ou macroestrutural, das relações de coerência entre as seqüências consecutivas. Em outras palavras, a coerência de um enunciado deve ser determinada dos dois pontos de vista – local e global.

Charolles enuncia quatro metarregras de coerência (sendo que não há uma diferença fundamental entre as regras de macrocoerência e de microcoerência), baseando-se na concepção de que, "numa gramática de texto, a base do texto (sua representação estrutural profunda) é de natureza lógico-semântica: os constituintes frásicos, seqüenciais e textuais aparecem sob a forma de uma cadeia de representações semânticas organizada de forma tal que suas relações de conexidade se tornam evidentes. As regras de COERÊNCIA tratam da constituição dessa cadeia"[4]. São elas:

METARREGRA DE REPETIÇÃO – "Para que um texto seja micro ou macroestruturalmente coerente, é preciso que comporte em seu desenvolvimento linear elementos de recorrência estrita."⁵ (...) "As pronominalizações, as definitizações, as referências dêiticas contextuais, as substituições lexicais, as retomadas de inferências contribuem de maneira determinante para o estabelecimento da coerência micro e macroestrutural. *Esses mecanismos de repetição favorecem o desenvolvimento temático contínuo do enunciado*, permitem um jogo de retomadas a partir do qual é estabelecido um 'fio textual condutor'."⁶

METARREGRA DE PROGRESSÃO – "Para que um texto seja microestruturalmente ou macroestruturalmente coerente é preciso que em seu desenvolvimento haja uma constante renovação da carga semântica."⁷ A produção de um texto coerente supõe um grande equilíbrio entre continuidade temática e progressão semântica (ou remática).

METARREGRA DA NÃO-CONTRADIÇÃO – "Para que um texto seja microestruturalmente ou macroestruturalmente coerente é preciso que seu desenvolvimento não introduza nenhum elemento semântico que contradiga um conteúdo posto ou pressuposto por uma ocorrência anterior ou dedutível desta por inferência."⁸

METARREGRA DE RELAÇÃO – "Para que uma seqüência ou um texto sejam coerentes é preciso que os fatos que denotam no mundo representado sejam relacionados."⁹

Segundo Charolles, essas regras apenas colocam "um certo número de condições, tanto lógicas como pragmáticas, que um texto deve satisfazer para ser reconhecido como bem formado (por um dado receptor, numa dada situação)"¹⁰. É preciso que se levem em conta os parâmetros pragmáticos que remetem aos participantes do ato de comunicação textual. (Podemos dizer que é justamente aí que entra a noção de COERÊNCIA: um texto é ou não coerente *para alguém*. Tudo se passa como se um sujeito receptor, ao avaliar um texto como coerente ou não, se colocasse no mundo do texto.)

Referindo-se diretamente à discussão COESÃO/ COERÊNCIA, Charolles afirma que *"no estado atual da pesquisa (...) parece que não é possível tecnicamente operar uma divisão rigorosa entre as regras de porte textual e as regras de porte discursivo. As gramáticas do texto rompem as fronteiras geralmente admitidas entre a semântica e a pragmática, entre o imanente e o situacional*, donde, de nosso ponto de vista, a inutilidade de uma distinção coesão/coerência que alguns propõem baseando-se justamente na divisão precisa entre esses dois territórios"[11]. Com essa afirmação Charolles faz referência a Halliday, que estabelece dois níveis de análise distintos, como vimos, definidos de maneira estanque.

Entretanto, se atentarmos bem para as *metarregras* enunciadas por Charolles, observaremos que é possível organizá-las em dois grupos: um que englobaria regras que tratam da construção do discurso, como a *metarregra de repetição*, que trata da recorrência, em um texto, de certos elementos que favorecem seu desenvolvimento temático, e a *metarregra de progressão*, que trata da não-circularidade do texto; e um outro que englobaria as regras que dizem respeito às relações do texto com o mundo, como a *metarregra da não-contradição* e a *metarregra de relação*, que tratam de como os conteúdos introduzidos no texto não devem contradizer outros conteúdos postos ou pressupostos e devem estar relacionados entre si.

É também importante notar que em Charolles está sempre presente a noção de *interlocução*. As metarregras, como já foi dito, apenas colocam um certo número de condições que um texto deve satisfazer para ser reconhecido como bem formado, *por um dado receptor, numa dada situação*. E, para que um leitor julgue um texto contraditório ou não, é preciso que as seguintes condições sejam satisfeitas:

1) É preciso que ele, leitor, julgue se a seqüência em questão se refere, ou não, ao mundo ordinário.

2) É preciso que ele, leitor, verifique se no mundo ao qual a seqüência em questão se refere X é verdadeiro ou falso.

Em outras palavras, certos julgamentos de COERÊNCIA dependem das convicções do receptor sobre certos aspectos do mundo interpretado, sendo que esse sujeito-receptor sabe que o texto que interpreta ou avalia é um processo de emissão específico, centrado sobre um assunto inscrito numa situação precisa da qual pode, ou não, conhecer certos componentes. Charolles reconhece, assim, que a aplicação das metarregras está sujeita a aspectos da situação de comunicação e que, na realidade, sozinhas, não dão conta das condições que um texto deve satisfazer para ser considerado como bem formado, não são suficientes para explicar os fatos relativos a um texto.

Colocamos no início do capítulo que todos os autores que consultamos consideram dois níveis de análise que corresponderiam ao nível da COESÃO e ao da COERÊNCIA. Até aqui vimos Halliday, que define esses dois níveis (COESÃO e REGISTRO) de maneira relativamente estanque, e Charolles, que também considera dois níveis (MICROCOERÊNCIA e MACROCOERÊNCIA), mas não acha possível estabelecer uma linha de demarcação entre COESÃO e COERÊNCIA. Vejamos agora a questão colocada por um terceiro autor, Widdowson, que também considera dois níveis, os quais chama de COESÃO e COERÊNCIA, vendo uma articulação entre ambos.

Para Widdowson, a noção de COESÃO "remete ao modo pelo qual as frases ou partes de frases se combinam para assegurar um desenvolvimento proposicional. Normalmente, as frases utilizadas em um discurso com fins de comunicação não exprimem, por si próprias, proposições independentes e, sim, adquirem valor em sua ligação com as outras proposições expressas pelas outras frases. Se apreendemos essa ligação e se somos capazes de associar uma frase ou uma parte de frase a um valor apropriado, então reconhecemos que uma seqüência de frases, ou de parte de frases, constitui um discurso COESO"[12]. Dizemos então que um discurso possui COESÃO "na medida em que permite um desenvolvimento proposicional eficaz"[13], e que as frases possuem uma forma apropriada "na medida em que permitem esse desenvolvimento", ou seja, "quando exprimem proposições que se integram ao desenvolvimento proposicional do discurso"[14]. Vejamos como isso se dá. Consideremos o seguinte diálogo:

C: Bom, você falou com ela?
B: Sim. (Falei.)
C: Quando ela disse que o pacote vai voltar?
B: (Ela disse que o pacote vai voltar) Amanhã.
C: Ótimo. Vou encontrá-la na loja.
B: Ela disse que seu marido vai trazer o pacote[15].

As perguntas de C indicam o que ele precisa saber e as respostas de B organizam a informação que tem a transmitir de modo a satisfazer as necessidades de C. Conseqüentemente, as proposições expressas por C estão ligadas às expressas por B de modo a assegurarem um desenvolvimento proposicional contínuo. Pode-se dizer que a forma dos enunciados de B e C é apropriada ao contexto e garante a COESÃO do diálogo.

Widdowson chega ao conceito de COERÊNCIA pela constatação de que, ao produzirmos uma frase durante a comunicação, não só exprimimos uma proposição, mas também realizamos um ato ilocucional. A COERÊNCIA seria então a relação entre os atos ilocucionais que as proposições realizam. "Havendo COESÃO é possível inferir os atos ilocucionais a partir das ligações proposicionais indicadas explicitamente; havendo COERÊNCIA, deduzimos as ligações proposicionais implícitas a partir de uma interpretação dos atos ilocucionais."[16] Observemos no exemplo abaixo como é possível uma interpretação plausível para um diálogo desprovido de marcas de COESÃO:

A: Olha o telefone.
B: Estou no banho.
A: Está bem[17].

Como reconhecermos que se trata de um discurso coerente? Para fazê-lo temos de imaginar uma situação na qual a enunciação da primeira frase seja entendida como um pedido. Assim, a afirmação de B é uma resposta à de A e tem valor de desculpa, ou seja, B não pode atender ao pedido de A. A segunda observação de A indica a aceitação da desculpa de B e a decisão de fazer ele mesmo o que havia pedido a B. Tendo estabelecido essas relações entre os três enunciados, remetendo-os a atos ilocucionais, podemos deduzir que constituem um discurso coerente e podemos reconstituir as ligações proposicionais que faltam:

A: Olha o telefone. (Você pode atender, por favor?)
B: (Não, não posso atender porque) Estou no banho.
A: Está bem. (Eu vou atender.)[18]

Podemos verificar então que os índices lingüísticos fornecidos pelo produtor do discurso possibilitam ao leitor ou ouvinte descobrir as relações de COESÃO e COERÊNCIA desse discurso. O produtor do discurso fornece tantos índices quantos julga necessários para transmitir plenamente o que quer dizer, apoiando-se para isso em hipóteses em relação a quanto o interlocutor pode deduzir de seu discurso. Se suas hipóteses são boas, o interlocutor poderá reconstituir o que ele quis dizer baseando-se nos índices que forneceu e referindo-se a um saber comum entre os dois. Isso não implica que o que o emissor criou e o que o receptor recriou sejam necessariamente a mesma coisa. Assim, o que permite a interpretação do discurso é o fato de percebermos as frases em seu desenvolvimento proposicional e ilocucional.

Para ficar mais clara a distinção COESÃO/COERÊNCIA, retomemos as palavras de Widdowson: "Onde podemos estabelecer uma ligação proposicional entre as frases, sem consideração dos atos ilocucionais em questão, referindo-nos a índices formais sintáticos e semânticos, constatamos a COESÃO. A COESÃO é portanto a relação *explícita* entre as proposições expressas pelas frases. Onde reconhecemos a existência de uma relação entre os atos ilocucionais que as proposições realizam (os quais podem ser ligados de forma não explícita) percebemos a COERÊNCIA do discurso... uma vez que há COESÃO, é possível inferir os atos ilocucionais a partir das ligações proposicionais indicadas explicitamente, e inferir as ligações proposicionais a partir de uma interpretação dos atos ilocucionais."[19]

Apresentamos, então, até este momento, as noções de COESÃO e REGISTRO de Halliday e Hasan, conceitos semânticos (como o texto está edificado semanticamente e o que o texto significa, incluindo componentes sociais, expressivos, comunicativos, etc.); MICRO e MACROCOERÊNCIA de Charolles, conceitos que dizem respeito respectivamente às relações de COERÊNCIA entre as frases e entre as seqüências consecutivas que formam o texto, juntamente com as regras que tratam da constituição desse texto; e as noções de COESÃO e COERÊNCIA de

Widdowson, sendo que a COESÃO estaria ligada diretamente ao desenvolvimento proposicional e a COERÊNCIA ao desenvolvimento ilocucional.
Aprofundemos mais um pouco essas noções. Partiremos de Halliday e Hasan novamente. Para que um texto seja coerente, de acordo com esses autores, é preciso que haja uma determinada propriedade lingüística em ação: a COESÃO. E a COESÃO, para eles, "não é uma questão do que um texto significa, mas de como o texto está edificado semanticamente"[20]. Consideremos o seguinte enunciado, tirado de um livro de receitas:

Wash and core six cooking apples. Put them into a fireproof dish[21].

De acordo com Halliday e Hasan, *them* refere-se a *six cooking apples*, expressão que apareceu na primeira sentença. Essa relação anafórica daria COESÃO às duas sentenças. A COERÊNCIA desse texto seria dada pela relação de COESÃO que existe entre a palavra *them* e as palavras *six cooking apples*. Ou seja, a TEXTURA ou COERÊNCIA seria criada por esses itens lingüísticos e pela relação de COESÃO que existe entre eles.
Entretanto, Patricia L. Carrell mostra que o *them* do exemplo citado acima não se refere a *algo que veio antes*: *them* refere-se às maçãs, objetos reais, não à expressão lingüística. E não é o conhecimento da língua que nos faz concluir isto e, sim, nosso conhecimento anterior sobre culinária e sobre os propósitos do autor, além de nossa capacidade de raciocinar e a suposição de que a receita é coerente. Steffensen acrescenta a este raciocínio: "(...) reconhecendo que um texto versa sobre uma determinada situação, torna-se possível o processamento completo dos elementos coesivos naquele texto. *Se um leitor não tem ou não percebe o esquema anterior apro-*

priado subjacente ao texto, todas as relações coesivas do mundo não vão ajudá-lo a encontrar a coerência desse texto"[22] (grifos nossos).
Podemos concluir essa discussão com palavras de P. Carrell: "(...) A coesão não é a causa da coerência. Pode-se dizer que é o seu efeito; um texto coerente será, provavelmente, coeso, não por necessidade, mas como um resultado dessa coerência."[23] É necessário sempre levar o leitor em consideração, uma vez que ler e escrever são processos interativos que envolvem escritor, leitor e texto.
Charolles, por sua vez, faz surgir uma noção semelhante de COERÊNCIA justamente quando sujeita a aplicação de suas metarregras a aspectos da situação de comunicação. Vejamos o exemplo encontrado em um texto posterior de Charolles: suponha-se que queiramos fazer uma visita ao Sr. Dupont. Chegamos à sua casa, encontramos o portão fechado e perguntamos ao seu vizinho, Sr. Durand:
– "O Sr. Dupont não está?"
Ao que ele responde:
– "O gato está deitado no capacho?"[24]
A princípio, pode parecer inadmissível que a resposta do Sr. Durand seja uma resposta coerente com nossa pergunta, e não há meios de estabelecer, também a princípio, na língua, uma relação entre o fato de o gato (que gato?) estar ou não deitado sobre o capacho e a presença ou ausência do Sr. Dupont em sua casa. Além disso, como uma pergunta poderia servir de resposta a outra? Para podermos saber como a resposta do Sr. Durand responde à nossa pergunta somos obrigados a imaginar que, quando conversamos com qualquer pessoa sobre qualquer assunto, temos por pressuposto, independente do que essa pessoa diga, que seus propósitos estão relacionados com o assunto da conversa. Esperamos sempre

que a outra pessoa envolvida *coopere* conosco. Em um texto mais recente, Charolles coloca a COERÊNCIA não só como um princípio na interpretação do discurso mas também como um princípio geral na interpretação das ações humanas: "Sempre que um discurso se apresenta materialmente formando uma entidade, o receptor da mensagem automaticamente supõe que ele seja coerente."[25] Isto porque "toda ação verbal implica um desejo de significar algo. Qualquer pessoa que usa a linguagem o faz, necessariamente, porque quer significar algo para alguém, que, por sua vez, supõe que seja este o caso"[26].

Do mesmo modo, pode-se dizer que a COERÊNCIA é um princípio geral na interpretação (ou recepção) das ações humanas segundo a hipótese de que "as ações humanas devem ser entendidas como coerentes porque as pessoas que as realizam têm um modo de pensar que as impede de fazerem coisas incoerentes"[27].

Através desse raciocínio pode-se perceber também que a *relação de interlocução é fundamental na linguagem* e que a COERÊNCIA *é um fenômeno que diz respeito diretamente à interlocução*. Vimos que essa noção está presente tanto em Widdowson como em Charolles, e mesmo em Halliday e Hasan quando dizem que o ouvinte ou leitor, ao interpretar consciente ou inconscientemente o que leu ou ouviu, usa índices lingüísticos e índices situacionais.

Vimos que tanto Halliday como Charolles e Widdowson estabelecem a ocorrência de dois fenômenos em níveis diferentes: COESÃO e REGISTRO, COERÊNCIA MICROESTRUTURAL e COERÊNCIA MACROESTRUTURAL, COESÃO e COERÊNCIA. Baseando-nos principalmente nas considerações que fazem a respeito da interpretação por parte do interlocutor é que passamos a ver COESÃO e COERÊNCIA como dois fenômenos distintos embora inter-relacionados e responsáveis, *juntos*, pela transmissão do significado do discurso. *A* COESÃO, *portanto, está relacionada com a organização textual, ou seja, trata-se de como as frases se organizam em seqüências expressando proposições; e a* COERÊNCIA *diz respeito à inscrição das proposições no mundo, sua verossimilhança e seu valor ilocucional*. Mas, como diz Charolles, "nenhum texto é coerente ou incoerente; tudo depende do receptor e de sua habilidade para interpretar as indicações presentes no discurso, de tal maneira que consiga entendê-lo de um modo que pareça coerente, ou seja, de um modo que corresponda à sua idéia daquilo que faz com que uma série de ações se transforme num todo integrado"[28]. Assim, como afirma P. Carrell, a COESÃO não é a causa da COERÊNCIA, é o seu efeito; um texto coerente será muito provavelmente coeso, não por necessidade, mas como resultado de sua coerência.

1. A questão coesão/coerência na situação escolar

Acabamos de verificar que a COESÃO não é a causa da COERÊNCIA, é o seu efeito, e que a determinação da COESÃO e da COERÊNCIA depende muito do ouvinte ou leitor. Dentro desse quadro gostaríamos de analisar o que acontece na situação escolar.

Segundo Charolles, o professor, ao ler um texto de um aluno, tem acesso ao mundo de acordo com o qual o texto foi emitido, o que lhe permite, "de um lado, aceitar o discurso como coerente (nesse mundo) e, de outro lado, recuperá-lo num sistema de coerência considerado perfeito que é, ao mesmo tempo, o seu, o do aluno e o de todos os eventuais receptores"[29]. Apesar disso, o professor insiste na correção desse texto exigindo a presença de um máximo de marcas de COESÃO, ou seja, nos termos de Widdowson, quer um máximo de explicitação da COERÊNCIA. Ao definir a COESÃO como "a relação explícita entre as proposições expressas pelas frases", Widdowson não quer dizer que para que um discurso seja coerente é necessária a presença de um máximo de marcas de COESÃO[30]. Tudo é relativizado pelo produtor do discurso, em função de seu interlocutor e da situação. E é justamente aí, podemos dizer, que se encontra a raiz dos problemas de COESÃO e COERÊNCIA em textos escolares. O aluno não tem seu interlocutor bem definido e a situação em que produz seu texto é muitas vezes forjada. Não pode, assim, elaborar boas hipóteses em relação ao que o seu interlocutor poderia deduzir de seu discurso. E, se toda a questão da coerência textual e conseqüente coesão depende do receptor e de sua habilidade para interpretar as indicações presentes no discurso de tal maneira que possa entendê-lo, parece que a situação escolar anda contrariando a ordem natural das coisas.

Gostaríamos aqui de fazer referência a um livro brasileiro recente, *Crise na Linguagem*, de M. T. F. Rocco, que se posiciona de maneira bem clara na discussão. A autora encara os dois termos como equivalentes, considerando o conceito de COESÃO um dos critérios básicos de seu trabalho. Faz uma leitura de Halliday e coloca, "por definição", "*coesão* como sendo a união íntima entre as partes de um todo, conexão, nexo, coerência; e *coerência* como sendo a presença de *coesão* entre as partes enunciadas, ligação, presença de nexos lógicos", e diz que, "apesar de uma aparente tautologia nas definições, vemos realmente que as mesmas, antes de serem tautológicas, estabelecem fundamentalmente uma igualdade entre os dois termos (...)"[31].

Com exemplos dados pela mesma autora vamos ilustrar agora a necessidade de uma correta colocação do problema da articulação da COESÃO e da COERÊNCIA na situação escolar.

Em seu livro a autora analisa redações de vestibulandos tendo como critério básico o conceito de COESÃO. Como dissemos, ela encara os dois termos, COESÃO e COERÊNCIA, como equivalentes, definindo-os "como sendo aquele tipo de qualidade textual que *traduz a organização lógica do pensamento*, o manejo satisfatório bem como a habilidade de tratar com a estruturação verbal..."[32] (grifos nossos).

Ao definir assim COESÃO e COERÊNCIA é que a autora pode chegar a dizer que há uma "crise na linguagem" e pode concluir, de toda sua análise, que os adolescentes atualmente não são capazes de manifestar através da linguagem um pensamento mais elaborado porque não são capazes de pensamentos mais elaborados. Em outras palavras, a autora aponta não só a existência de uma "crise na linguagem" mas também de uma "crise no pensamento".

Entendemos que, justamente por não considerar o nível da coerência como distinto do da COESÃO, é que M. T. F. Rocco chega a essas afirmações e apresenta alguns exemplos que, aos nossos olhos, não seriam problemáticos, como ela os considera: "(...) sentimos bem clara a presença maciça de um erro grave como é o representado pela ruptura de coesão"[33]. Como exemplo de ausência de coesão causada pelo erro semântico indevido do conectivo, entre outros, ela nos apresenta:

"Estou completando dezoito anos. E apesar de completar dezoito anos não gosto de levantar cedo."[34]

Se atentarmos apenas para as relações *coesivas* entre os dois enunciados em questão talvez possamos não ver uma relação de coesão entre as proposições dos enunciados quando ligados pelo *apesar de*, mas levando-se em consideração que a COESÃO *remete ao modo pelo qual as frases ou partes de frases se combinam para assegurar um desenvolvimento proporcional*, e que a COERÊNCIA *remete à relação entre os atos ilocucionais que as proposições realizam*, e considerando-se ainda que o estabelecimento *conjunto* dessas relações é o responsável pela transmissão do significado dos enunciados, podemos encarar tal seqüência de enunciados como *coesa* e *coerente*. Podemos perfeitamente, sem muito esforço, estabelecer as seguintes relações como verdadeiras para quem escreveu o texto:

CRIANÇA   X   ADULTO (maior de 18 anos)
levanta tarde ou acha   levanta cedo sem achar
ruim levantar cedo   ruim

Aí é perfeitamente cabível o uso do *apesar de*. Continuando, M. T. F. Rocco diz que "um segundo tipo de falta de COESÃO, de coerência sobretudo, verifica-se nos textos pela ocorrência de contradições lógicas evidentes" e dá o seguinte exemplo:

"Recebi diversos presentes, algumas cartas de felicitações e entre elas uma carta em branco, anônima e sem remetente. Mas sei de quem é. É do Dario que adora brincar de suspense."[35]

Seguindo nosso raciocínio anterior, não vemos nenhum problema, nenhuma contradição lógica entre os enunciados transcritos acima. O *mas* cabe perfeitamente, quer dizer: embora a carta esteja em branco, seja anônima e não haja remetente, sei de quem é. Esse raciocínio é reforçado pelas proposições seguintes: "É do Dario que adora brincar de suspense", ou seja, o Dario foi quem mandou essa carta embora não haja nada nela indicando que tenha sido ele, nem nome, nem nada. *Mas só pode ser ele.* Sei que foi ele porque é ele que adora brincar de suspense.

A autora, M. T. F. Rocco, diz que "é comum a nós, professores, tentarmos entender e completar respostas de alunos. Temos tendência a procurar linhas nas entrelinhas, buscando implicitações que talvez estejam apenas em nossas mentes. Se, por um lado, esse fato denota boa vontade, condescendência e aquiescência de nossa parte – qualidades, se bem dosadas, necessárias a quem ensina –, por outro, essa atitude produz, às vezes, total ausência de rigor, de uma necessária exigência sobretudo para com a clareza da expressão verbal. Tal atitude de indulgência excessiva faz com que acabemos por *ler em um texto algo que absolutamente não está ali.* Portanto, sem assumirmos posições radicais, devemos nos precaver seja contra um rigor excessivo, seja contra uma compreensão exagerada"[36] (grifos nossos).

Diante disso, queremos dizer que não se trata aqui de "procurar linhas nas entrelinhas" mas simplesmente de se reconhecer e considerar um nível além do da coesão textual, ou seja, o nível da coerência discursiva.

Assim, é com toda razão que Charolles questiona: "Por que o professor que aceita um texto como coerente persiste querendo corrigi-lo?"[37] Uma possível resposta a essa colocação seria, por exemplo, a de que o professor, parece-nos, busca equivocamente a compreensão pela presença de um máximo de marcas de COERÊNCIA, ou seja, impõe ao aluno a explicitação de todas as relações e hipóteses verdadeiras no mundo em questão.

Concluiremos esta parte de nosso trabalho colocando que é legítimo pedir ao aluno que mostre que domina a língua. O que não é possível é levá-lo a um domínio efetivo se não partirmos das condições de significado de um texto, o que envolve diretamente a relação de interlocução. A escola quer impor, e cobra, modelos de COESÃO, mas não se pode falar de COESÃO sem se falar de COERÊNCIA.

CAPÍTULO 2

COESÃO E COERÊNCIA NA NARRATIVA

Depois de termos estudado e definido os conceitos de COESÃO e COERÊNCIA, vejamos agora o problema que nos interessa mais particularmente – como se dão as relações de COESÃO e COERÊNCIA em textos narrativos. No capítulo anterior vimos que a COERÊNCIA é um fenômeno que diz respeito diretamente à *interpretação* do texto por parte do interlocutor, ou seja, é um fenômeno ligado diretamente à interlocução. Acrescentamos que há ainda um certo nível, um certo grau de COERÊNCIA definido socialmente e/ou culturalmente[1]. Kintsch e Van Dijk, em *Comment on se rapelle et on résume des histoires*, tentaram verificar se o conhecimento do esquema narrativo de uma dada cultura seria uma condição realmente necessária para a compreensão do texto. Com a hipótese de que o leitor aborda uma narrativa tendo em mente um esquema narrativo, e que uma parte do processo de compreensão da narrativa consiste em preencher as casas vazias desse esquema com as informações apropriadas provenientes do texto, compararam o modo pelo qual os leitores resumem textos conforme conheçam ou não previamente seu esquema narrativo. Os textos usados na experiência foram histórias do *Decameron* e um conto ameríndio. A história indígena era um mito apache sobre a origem do milho e do gamo, sem frases difíceis e sem palavras raras. Os leitores acharam a história estranha porque não correspondia à sua expectativa em matéria de narrativas: a pessoa do herói varia, os episódios não têm nenhuma ligação aparente (isto é, causal) e a organização da história parece obscura. Na realidade, a história segue uma ordem bem estabelecida mas conhecida apenas pelos índios e pelos antropólogos.

Com base nesses dados e no que foi exposto no capítulo anterior, podemos dizer que a COERÊNCIA dos textos narrativos se estabelece em dois níveis:

1) no nível do narrar como ato de fala (definido culturalmente): *coerência narrativa*;

2) no nível da inserção do texto numa situação de comunicação: *coerência ligada à interlocução*.

Veremos que os alunos conhecem o esquema narrativo determinado por sua cultura e sabem, portanto, narrar de acordo com esse esquema. Os problemas se dão, no texto, no nível da inserção deste numa determinada situação de comunicação.

Quanto à COESÃO, lembrando que esta é decorrente da COERÊNCIA, podemos dizer que se estabelece a partir de marcas mais ou menos fixas, dado que a narrativa é uma configuração discursiva fortemente previsível.

Passaremos agora a examinar teorias do funcionamento do texto narrativo à luz de nossa preocupação fundamental nesse trabalho – COESÃO e COERÊNCIA. Pensando nos dois níveis de COERÊNCIA de um texto narrativo (o nível do narrar, como ato de fala, e o nível da inserção do texto numa situação de comunicação), veremos que certas teorias podem ser encaradas como definidoras da COERÊNCIA narrativa; dão conta da COERÊNCIA interna do texto enquanto texto narrativo, explicitando o modo de narrar de uma determinada cultura, enquanto outras evidenciam os elementos que dão conta da inserção do texto numa determinada situação de comunicação. Veremos também que à estrutura narrativa correspondem certas escolhas lingüísticas, certos mecanismos de COESÃO textual. Esta será então estudada através de modelos que se preocupam com a manifestação da COERÊNCIA e que mostram, entre outras coisas, que existem recursos lingüísticos determinados que suportam a construção narrativa.

1. As funções narrativas – Labov e Waletzky

Ao estudarem narrativas orais, Labov e Waletzky definiram esse tipo de texto, informalmente, como um "método de recapitular a experiência passada, através da correspondência de uma seqüência verbal de cláusulas a uma seqüência de eventos que realmente ocorreram"[2]. Essa recapitulação deve respeitar a ordem dos acontecimentos originais[3]. Segundo Labov e Waletzky, "a narrativa se define como entidade formal e funcional. *Formal*, na medida em que se identifica como discurso constituído à base de padrões recorrentes, característicos, discriminados desde o nível da oração, passando por unidades maiores, até o nível da narrativa simples completa. *Funcional*, na medida em que esses padrões são identificados a partir das funções que o discurso narrativo' cumpre na situação da comunicação: uma 'função referencial', uma vez que uma de suas finalidades é recapitular experiências passadas, com a particularidade de que a seqüência das orações narrativas se organiza de maneira semelhante (mimética) à seqüência temporal dos acontecimentos vividos pelo personagem-narrador, e uma 'função avaliativa', desde que, normalmente, o relato da experiência passada revela o empenho pessoal do narrador no sentido de valorizar os fatos narrados de forma a acentuar o seu caráter 'narrável'. (Explicando melhor: a função avaliativa da narrativa tem a ver com o interesse pessoal do narrador em justificar, implicitamente, a própria ocorrência de seu discurso narrativo, de corresponder, enfim, à expectativa que ele próprio criou ou supõe ter criado em seu interlocutor de que ocorreria um relato de uma experiência realmente interessante. Para tanto procura realçar determinados aspectos dos fatos narrados, lançando mão de recursos variados.)"[4]

A teoria de Labov e Waletzky nos será útil justamente por considerar a narrativa sob esses dois pontos de vista: formal e funcional. Podemos ver nela a articulação COESÃO-COERÊNCIA da maneira como a entendemos, na medida em que são levados em conta os elementos que sustentam a estrutura narrativa e a relação de interlocução. Podemos ainda encarar essa teoria como definidora da COERÊNCIA narrativa nos dois aspectos que estabelecemos anteriormente, o que pode ser percebido pelas *funções* que governam a estrutura narrativa:

RESUMO
ORIENTAÇÃO
COMPLICAÇÃO
RESOLUÇÃO
AVALIAÇÃO
CODA

Como veremos, RESUMO, AVALIAÇÃO e CODA dão conta da inserção da narrativa em uma determinada situação de interlocução. ORIENTAÇÃO, COMPLICAÇÃO e RESOLUÇÃO configuram a narrativa propriamente dita, de acordo com uma determinada cultura. Examinemos uma por uma as funções narrativas.

O RESUMO constitui-se geralmente de uma ou duas cláusulas que resumem toda a história. Sua ocorrência é facultativa e, quando ocorre, vem no início do texto. É um recurso para despertar o interesse do ouvinte pelo discurso que se vai seguir. (Note-se aí, já, a presença da noção de interlocução.) "Para alcançar esse objetivo, o sumário contém freqüentemente orações que apontam para a razão de ser do relato, acentuando bem o *ponto de interesse* da narrativa. Nesse sentido, o RESUMO assume uma colaboração bastante 'avaliativa', sendo freqüente nele a ocorrência de enfáticos juízos de valor, de frases exclamativas e de expressões 'emotivas' no sentido de Jakobson."[5] *É o lugar da interação.* Em nossos dados temos o RESUMO bem caracterizado, por exemplo, em:

NARRATIVA 34 – Resumo

"Nada mais engraçado (ou triste), dependendo do ponto de vista, como um lustre caindo na cabeça de sua amiga. Foi tudo bem rápido. Será?"

Na situação escolar – situação de enunciação em que geralmente o aluno não tem definido seu interlocutor[6] – é freqüente o aluno iniciar o texto apresentando uma espécie de *justificativa da narrativa*, fazendo referência ao tema proposto e estabelecendo uma ligação entre esse tema e seu texto. O RESUMO assume um caráter particular em que a situação de enunciação – a tarefa escolar – fica claramente caracterizada:

NARRATIVA 25 – Narração de um acontecimento

"Um fato que achei estranho foi uma reportagem que li no jornal que foi mais ou menos assim: um rapaz foi baleado pelas costas e (...)"

A ORIENTAÇÃO situa o leitor em relação à pessoa, lugar, tempo, situação comportamental, e é facultativa, embora ocorra com grande freqüência. Cumpre uma função referencial.
A COMPLICAÇÃO é o corpo propriamente dito da narrativa. É constituída formalmente por cláusulas ordenadas temporalmente e vai praticamente até o clímax do acontecimento, terminando quando começa a RESOLUÇÃO.
A AVALIAÇÃO incide sobre a COMPLICAÇÃO. É "a parte da narrativa que revela a atitude do narrador em relação à narrativa enfatizando a importância de algumas unidades narrativas em relação a outras"[7]. A AVALIAÇÃO tem também, por vezes, a função de separar a COMPLICAÇÃO da RESOLUÇÃO. Há ainda a possibilidade de a AVALIAÇÃO vir fundida à RESOLUÇÃO (isto é, uma única cláusula narrativa tanto enfatiza quanto afirma o resultado) ou de não se limitar a uma seção fixa entre COMPLICAÇÃO e RESOLUÇÃO e percorrer toda a narrativa como "focos de ondas (de AVALIAÇÃO) que penetram a narrativa"[8].
A RESOLUÇÃO, que apresenta o desenlace dos acontecimentos, é definida como "a parte da seqüência narrativa que segue a *avaliação*. Se a *avaliação* é o último elemento, então a resolução coincide com ela (...). Muitas narrativas terminam com a *resolução* mas outras têm um elemento adicional a que chamamos *coda*. A seqüência real de acontecimentos descritos na narrativa não se estende, como regra, até o presente. A *coda* é um mecanismo funcional que faz com que a perspectiva

verbal volte ao momento presente"[9]. Assim, a CODA faz com que se volte ao momento da enunciação.

De acordo com o modelo de Labov e Waletzky, COMPLICAÇÃO e RESOLUÇÃO são indispensáveis para que se estabeleça uma narrativa, enquanto ORIENTAÇÃO, AVALIAÇÃO e CODA não aparecem necessariamente. Para se caracterizar qualquer uma dessas seções no texto atenta-se basicamente para três pontos: a função dessa seqüência no texto, sua localização e o tipo de oração que a constitui. Em relação ao último ponto, Labov e Waletzky discriminam as cláusulas independentes (não subordinadas) da seguinte maneira:

CLÁUSULAS NARRATIVAS – Estão ordenadas temporalmente, ou seja, estão em *juntura temporal* e não podem ser mudadas de ordem sem alterar a seqüência original dos acontecimentos.

CLÁUSULAS LIVRES – Podem ser deslocadas para qualquer ponto da narrativa.

CLÁUSULAS RESTRITAS – Deslocam-se somente através de parte da narrativa.

CLÁUSULAS COORDENADAS – Indicando ações simultâneas, podem ter sua ordem invertida sem alterar a seqüência total original.

A parte narrativa propriamente dita em um texto seria então a que é composta por COMPLICAÇÃO e RESOLUÇÃO, que seriam formadas por cláusulas narrativas e coordenadas. Os outros tipos de cláusulas distribuem-se pelas demais funções narrativas, aleatoriamente.

Para o estabelecimento das cláusulas narrativas, Labov e Waletzky não levam em conta as orações subordinadas. Consideram que somente as orações independentes é que se relacionam semanticamente através da *juntura temporal*, fator fundamental para serem consideradas cláusulas narrativas. Entretanto, em nossos dados, muitas orações subordinadas participam da organização temporal do texto, ou seja, estão relacionadas com outras através da *juntura temporal*, estão ordenadas temporalmente. Esse problema já foi colocado por Ana Luísa Amêndola, que levantou a hipótese de que as narrativas podem apresentar esses fenômenos em partes que não foram transcritas no trabalho de Labov e Waletzky[10]. Sua conclusão foi de que é através da interpretação semântica das cláusulas que decidimos se há ou não juntura temporal entre elas e, conseqüentemente, decidimos alguns limites entre as diversas funções narrativas. Os próprios Labov e Waletzky reconhecem que muitas vezes é preciso recorrer a critérios semântico-interpretativos para a decisão do limite, ou mesmo da incidência, das funções. Veremos posteriormente que fatores como, por exemplo, o tipo de verbo envolvido (verbo de ação, estado...) são fundamentais para a decisão da incidência das funções narrativas.

Podemos perceber que o modelo de Labov e Waletzky apresenta certas limitações. Vandersi S. de Castro já observara que a superposição ou o acúmulo de funções de diferentes seções em um mesmo segmento do discurso narrativo não transparece totalmente na análise proposta por Labov e Waletzky, a qual, basicamente, considera a narrativa como uma seqüência de seções estanques[11]. Observamos, por exemplo, que o que consideramos como CODA no exemplo abaixo, devido à volta clara ao momento de enunciação (uso do presente e de "até hoje"), apresenta também características de RESOLUÇÃO ("o tempo passou, elas foram embora...") e ainda de AVALIAÇÃO ("E as minhas primas devem estar até hoje rindo de nós..."):

NARRATIVA 44 – Redação: "Não apaguem as luzes, por favor!!!"

Resumo	Francamente eu nunca senti tanto medo em toda minha vida, tudo por causa de um filme.
Orientação	Nas férias de junho...
Coda	O tempo passou, elas foram embora, e até hoje nós três dormimos com as camas emendadas, não dormimos com a luz apagada, e não ficamos sozinha em casa nem durante o dia. Quanto à televisão, os canais trêze (Bandeirantes) e sete (Record), nas quintas e sextas feiras para nós não existe. E as minhas primas devem estar até hoje rindo de nós e chateadas por que naquela noite ninguém dormiu, pois nós ouvíamos passos, vozes, janelas batendo e ficávamos conversando, de medo de dormir e o drácula nos pegar.

Analisando os exemplos seguintes teremos uma idéia melhor da estrutura da narrativa proposta por Labov e Waletzky, com base nas funções narrativas, e de como se torna difícil delimitar exatamente as seções que exercem essas funções:

NARRATIVA 38 – Narração de um acontecimento engraça

Orientação	Era uma sexta feira, à noite eu estava no quintal de casa. Quando de repente comecei a
Complicação	ouvir um barulho estranho, mas muito estranho mesmo. Olhei para o céu para ver se era lua cheia, pois acredito em lobisómei., mas porém o céu estava nublado e não dava pra ver.
Avaliação	De repente ouvi passos e rugidos ac... que fiquei branca, pois senti muito medo. Quando o
Resolução	medo passou fui ver o que era, não era. Apenas o meu gatinho que estava brincado

Resolução	com uma bolinha de papel junto com o meu cachorrinho. Entrei em casa, liguei a televisão e comecei a assistir um filme, e para minha "felicidade" era um filme de terror *O túmulo do vampiro*, no canal sete, Record.

NARRATIVA 40 – Narração de um acontecimento

Orientação	Numa tarde de domingo minhas irmãs e eu fomos na casa de uma tia no bairro do Taquaral (ela mora em uma casa de esquina).
Estado inicial	Eram aproximadamente 15:00 horas nós estavamos na sala ouvindo música quando ouvimos
Complicação	um barulho muito forte lá fora. Corremos lá para ver o que havia acontecido e vimos que era um carro que tinha batido no poste e entrado com tudo na casa de minha tia. Meu tio muito nervoso abriu a porta do carro e tirou o motorista para fora. O motorista estava todo ensanguentado, estava quase morrendo. Aí eu telefonei para a polícia e para um hospital pedindo uma ambulância.
Resolução	Passou uns minutos a ambulância chegou mas só que um pouco atrasado: o homem já havia morrido.

NARRATIVA 33 – Narração de um acontecimento estranho

Orientação	Isto ocorreu há muitos anos com meu pai, quando ele ainda morava em São Paulo, na casa de minha avo.
Estado inicial	Era de madrugada e meu pai não conseguia dormir, então ele foi a cozinha beber água.
Complicação	Quando ele passava pelo corredor apareceu um vulto de mulher.

Complicação	Meu pai nem se preocupou porque pensava que fosse minha avo. No dia seguinte, meu tio, irmão de meu pai, que já estava doente, morreu.
Resolução	Aí meu pai ligou os fatos e perguntou a minha avo se na noite passada ela passou pelo corredor e ela disse que estava dormindo. Então meu pai descobriu que aquele vulto era o guia espiritual da família e que foi avisar a meu pai que meu tio iria morrer.
Coda	Conheço muitos casos de espiritismo e acredito que haja uma segunda vida além dessa e que já fomos várias pessoas do passado.

NARRATIVA 4 – Redação

Resumo	Em um feriado que passou, fui à uma fazenda. Uma fazenda antiga, que pertenceu a D. Pedro II e foi doada ao Barão de Ataliba Nogueira, avô de uma amiga minha. Nesta fazenda, muitos fatos estranhos aconteceram. Entre eles, aconteceu um, comigo estando lá.
Complicação	Numa noite, ao ir dormir, escutei alguns barulhos em meu quarto (o quarto de hóspedes), mas nem liguei pois não acredito em "histórias fantasmagóricas", mas tudo bem. Quando deitei, a porta de meu armário, abriu como se algo a tivesse aberto, pois tranquei-a antes de deitar. Ainda não ligando, voltei a dormir, so que desta vez, uma "força estranha" havia aberto a minha porta, que também estava fechada. Apavoradamente, levantei de minha cama e fui ao quarto de minha amiga. Contei-lhe a história, e daí ela me disse que muitos fatos deste tipo já haviam acontecido, mas que ninguém até hoje havia conseguido decifrar estes mistérios.
Resolução	

Avaliação	Foi tudo muito estranho. Comecei a acreditar nestas "histórias". E nunca mais coloquei os pés naquela "mansão dos horrores".

2. Um modelo dinâmico – Paul Larivaille

Através de nossos dados constatamos que nem sempre os procedimentos de análise de Labov e Waletzky nos levam a um resultado satisfatório. Não é muito clara a distinção entre os elementos estruturais de uma narrativa e, como vimos, muitas vezes é preciso recorrer a critérios de interpretação semântica para a decisão do limite entre as partes do texto que corresponderiam às funções narrativas.

Na tentativa de achar um modelo de COERÊNCIA narrativa, trabalhamos com um outro modelo de análise da narrativa – o de Paul Larivaille. Este se mostrou mais adequado ao estudo da COESÃO e COERÊNCIA em redações escolares, sendo mais flexível e apresentando a narrativa como um processo marcadamente dinâmico. Esse modelo foi utilizado por Fillol e Mouchon na análise de textos escolares escritos, segundo os mesmos autores, por corresponder melhor ao modelo ternário, "estereótipo imposto pela escola – introdução, desenvolvimento, conclusão", na produção de textos[12].

Paul Larivaille propõe a seguinte estrutura para a narrativa:

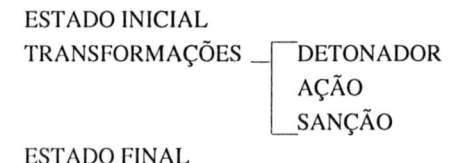

ESTADO INICIAL
TRANSFORMAÇÕES ⎯⎡ DETONADOR
⎢ AÇÃO
⎣ SANÇÃO
ESTADO FINAL

Esta é definida como "o reflexo de um processo dinâmico intermediário entre dois estados"[13]. Uma narrativa apresenta inicialmente os personagens, instala-os em um lugar preciso e os situa em uma história ou cronologia: essa apresentação corresponde ao ESTADO INICIAL, que é *estático*.

Já o corpo da narrativa expõe uma série de TRANSFORMAÇÕES que vão modificar a situação estática do ESTADO INICIAL: trata-se então de um processo, de uma *dinâmica*. Dentro dessa dinâmica encontramos o DETONADOR – que, veremos, deixa essa dinamicidade bem explícita –, a AÇÃO propriamente dita e a SANÇÃO que daria conta da passagem para um novo estado, também *estático*. A narrativa termina assim em um novo equilíbrio, resultante das TRANSFORMAÇÕES que ocorreram – o ESTADO FINAL.

Tanto Labov e Waletzky como Paul Larivaille definem diferentes momentos de uma produção narrativa. Entretanto, enquanto os primeiros tentam defini-la em termos de estrutura, Larivaille, através de sua delimitação das partes do texto narrativo, define o narrar como o processo de contar acontecimentos que vão incidir sobre um determinado ESTADO INICIAL para alcançar um determinado ESTADO FINAL. Podemos ver uma ilustração dessa análise com nossa Narrativa 82:

REDAÇÃO: "Um fato pitoresco"

| Estado inicial | Certa manhã, eu estava indo ao colégio, peguei o ônibus. Passei pela roleta e sentei atrás do motorista, em um banco de uma só pessoa. Mas como ainda não era sete horas, eu estava com muito sono. Com isso, me distrai completamente, esquecendo de me segurar nas curvas. Mas como as curvas não eram muito grandes, eu continuei distraída, não me segurei, |

	Detonador	pois não vi o sinal,
Transformações		eu caí no meio do corredor do ônibus, sentada. O meu material se espalhou totalmente pelo ônibus.
	Ação	Eu fiquei com tanta vergonha, que comecei a rir, e me sentei novamente, me esquecendo de pegar o material. Quando chegou no terminal, que o ônibus parou, fui catar o material. Nesta hora, o motorista veio conversar comigo, perguntando se eu tinha me machucado. Eu disse que não, e na hora que fui sair do ônibus, tropecei no degrau (tinha uma ripa de metal solta na ponta do degrau) e caí no mercado. Levantei, rindo, e continuei o meu
Sanção		caminho até o colégio.
Estado final		Depois de dois tombos, eu acordei de vez.

Na abordagem de Paul Larivaille falta a definição de partes do texto narrativo que o situem numa situação de interação lingüística. Portanto, para complementar nossa análise, recorreremos às funções narrarivas de Labov e Waletzky que cumprem esse papel – RESUMO, AVALIAÇÃO e CODA –, sem correspondentes no modelo de Paul Larivaille e freqüentes em nossos textos. Veremos que também é interessante para nossa análise mantermos a noção de ORIENTAÇÃO, de Labov e Waletzky, uma vez que esta apresenta características distintas do ESTADO INICIAL de Paul Larivaille. Embora possamos encontrar tanto na ORIENTAÇÃO como no ESTADO INICIAL, por definição, apresentação de personagens e determinação do tempo e lugar dos acontecimentos, estes são, em nossa opinião, dois momentos do texto narrativo e podem ser diferenciados principalmente por uma característica do ESTADO INICIAL, que é a de ser estático (como o ESTADO FINAL). Além disso, a ORIENTAÇÃO tem muitas vezes características de RESUMO, ou mesmo de AVALIAÇÃO, marcando desta maneira uma certa relação com um interlocutor, enquanto o ESTADO INICIAL não

NARRATIVA 46 – Narração de um acontecimento engraçado

Resumo	Nesta narrativa vou contar um acontecimento, que para mim foi bastante engraçado, por pensar que muitas pessoas não sabem e têm medo de aprenderem.
Orientação	Quando estava com 10 anos de idade, costumávamos, eu e meus colegas, irmos para uma reprêsa tomarmos banho, todo o fim de semana, eu não sabia nadar, só tomava banho na parte em que a água não me cobria.
Estado inicial	Um certo dia, um colega de meu irmão mais velho, que já tinha seus vinte e dois anos mais ou menos, aproveitou um discuido meu, quando estava em pé na beira da reprêsa,
Detonador	me pegou pela barriga e jogou-me dentro da reprêsa, para alegria e surpresa minha, co-
Ação	mecei a bater com os pés e mãos e consegui
Estado final	chegar do outro lado da reprêsa. Não é um
Avaliação	fato que pode-se dizer que seja pitoresco. Mas acho eu que seja engraçado, porque o rapaz que me jogou dentro d'água não estava ciente que que sabia nadar ou não.

NARRATIVA 32

Estado inicial	Numa noite eu e minha família estávamos assistindo a um filme na TV, quando ouvimos
Detonador	um grito.
Ação	Saímos a rua e não vimos nada, até os vizinhos que também ouviram, sairam a rua e também não viram nada. No dia seguinte todos comentavam o fato e ninguém soube realmente o que acontecera e o fato foi esquecido. Passado um mês, ficamos
Sanção	sabendo que naquela noite uma senhora havia

35

Sanção	morrido, e a filha de desespero começou a gritar pela mãe.
Estado final	O caso foi solucionado,
Coda	mas o susto valeu.

NARRATIVA 15 – Narração de um acontecimento engraçado, triste ou estanho.

Orientação	Certo dia convidei um amigo meu para ir ao clube comigo. Ao chegar ao clube jogamos futebol, baskete, até que resolvemos ir a piscina.
Detonador	Quando chegamos a piscina, meu amigo ficou na beirada apenas pondo o pé na água, observando esta cena tive a idéia de lhe pregar um.
Ação	Cheguei perto dele e dei-lhe um empurrão, só que foi nesse momento que eu lembrei que ele não sabia nadar e fui correndo
Sanção	socorrê-lo. Após quase morrer afogado meu
Estado final	amigo teve fôlego ainda para correr duas horas atrás de mim.
Avaliação	Provavelmente esta foi a última vez que tento pregar um susto a alguém.

NARRATIVA 17 – Narração de um acontecimento estranho, triste ou engraçado

Orientação	O fato ocorreu um dia próprio mesmo para o acontecimento, um dia chuvoso. Eu e meus colegas fomos em um velório de um amigo meu, mas o falecido era seu pai.
Estado inicial	Ao chegarmos estava todas muitos tristes, chorando pelo acontecimento ocorrido.
Detonador	Nós nos reunimos na cozinha da sala e começamos a pensar em alguma coisa para deixar as pessoas mais contente um pouco.

Ação	Nisso um colega meu, o mais louco da turma, abriu a porta do armário e encontrou um litro de pinga, descretamente com a desculpa do tempo estar chuvoso e um pouco de frio nós começamos a dar pinga os homens e senhoras que estavam presentes, depois de alguns minutos o litro de pinga estava vazio e todo mundo rindo, contando piada esqueceram-se do velório do pai do nosso colega.
Sanção	
Estado final	
Coda	Um conselho que eu dou as pessoas dona da casa onde é feito o velório é servir "pinga" em vez de café.

Grosso modo, a correspondência entre as funções narrativas propostas por Labov e Waletzky e os momentos da narrativa de Paul Larivaille seria a seguinte:

RESUMO
ORIENTAÇÃO   ESTADO INICIAL
COMPLICAÇÃO ⟵ DETONADOR ⎤
AVALIAÇÃO   AÇÃO   ├ TRANSFORMAÇÕES
RESOLUÇÃO ⟵ SANÇÃO   ⎦
CODA   ESTADO FINAL

Cabe ressaltar que esses autores não trabalharam com o mesmo tipo de narrativas. Labov e Waletzky trabalharam com um corpus de narrativas orais obtidas da maneira mais informal possível, daí a presença em seu modelo de funções narrativas que dão conta da inserção do texto numa situação de interlocução. Já Paul Larivaille trabalhou com contos – dos quais seis provinham de tradição oral e três de tradição escrita – que se aproximam mais de um modelo literário de narrativa (ATITUDE DE LOCUÇÃO DE NARRAÇÃO, não-interferência da 1.ª pessoa).

Temos assim a COERÊNCIA narrativa definida em

termos de modelos do funcionamento do texto narrativo. Outros autores, por sua vez, encaram a questão da COERÊNCIA do ponto de vista de suas *marcas formais*, isto é, podemos ver neles uma proposta de modelos de COESÃO narrativa. É o caso de Harald Weinrich, em cujo trabalho vemos uma tentativa de definir o aparelho COESIVO da narrativa a partir de uma certa concepção subjacente de COERÊNCIA, em particular considerando a inserção do texto numa situação de enunciação, permitindo a passagem do texto à língua. Sua teoria fornece elementos formais que permitem observar a constituição de um texto narrativo e trata principalmente do que diz respeito às formas verbais e ao que está ligado a elas, como advérbios e pronomes. Cabe lembrar que Weinrich trabalhou com textos literários escritos.

3. Um modelo de coesão textual – A teoria de Weinrich

Interessam-nos na teoria de Weinrich particularmente os dois aspectos mencionados acima – o aspecto *enunciativo* e o aspecto *textual*. As idéias de enunciação e interlocução estão presentes no conceito de ATITUDE DE LOCUÇÃO. Quanto ao aspecto textual, este aparece principalmente com o conceito de TRANSIÇÃO. Esse conceito, por sua vez, põe em jogo as noções de ATITUDE DE LOCUÇÃO, que já mencionamos, e outras duas – a PERSPECTIVA DE LOCUÇÃO e a MISE EN RELIEF. Passaremos agora a definir essas três noções e a mostrar como a sua articulação concorre para a organização de um texto.

3.1. A atitude de locução

Segundo Weinrich, juntamente com os morfemas de pessoa e o artigo, os morfemas de tempo estão intimamente ligados à relação de interlocução. Nessa íntima relação com a interlocução, as formas temporais empregadas por um locutor transmitem sinais ao seu ouvinte, como se dissessem "isto é um COMENTÁRIO", ou "isto é uma NARRAÇÃO", invocando no ouvinte uma reação correspondente, de tal modo que a atitude de comunicação assim criada lhes seja comum.

Empregando os tempos do COMENTÁRIO, o locutor pede a seu interlocutor plena concentração para cada informação lingüística. Com os tempos da NARRAÇÃO o locutor adverte que é possível escutar de maneira descontraída[14]. (Podemos observar desde já que esse raciocínio de Weinrich corresponde a uma concepção na qual a COERÊNCIA é tida como resultado da COESÃO, nesse aspecto oposta ao que ficou estabelecido na primeira parte deste trabalho.)

Segundo Weinrich, um tempo não pode jamais pertencer ao grupo do COMENTÁRIO e ao da NARRAÇÃO ao mesmo tempo. A fronteira estrutural entre COMENTÁRIO e NARRAÇÃO é absoluta. Aos tempos da NARRAÇÃO correspondem situações de locução como a narrativa de uma história da qual participamos, um conto que nós mesmos inventamos, uma narrativa histórica ou um romance e mesmo uma informação jornalística sobre uma ocorrência qualquer. "O que conta não é se o objeto de informação é importante ou não, mas se o locutor, pela maneira que o apresenta, quis ou não provocar no ouvinte reações imediatas. Pouco importa à narrativa como tal que a estória seja ou não inventada, que ela tenha estilo literário ou que se mantenha sua banalização cotidiana (...)"[15] "Contar é manifestamente um comportamento humano característico (...) Uma de nossas atitudes frente ao mundo é narrá-lo. Usamos então signos lingüísticos com valor narrativo, em particular os tempos da NARRAÇÃO."[16] (Cabe deixar aqui anotada a distinção feita neste trabalho entre os termos NARRAÇÃO/atitude de locução e NARRATIVA/tipo de texto.)

Assim, conforme a ATITUDE DE LOCUÇÃO, os tempos do francês se repartiriam da seguinte maneira:

TEMPOS DO COMENTÁRIO ⎯ ⎡ Présent
⎢ Passé Composé
⎣ Futur

TEMPOS DA NARRAÇÃO ⎯ ⎡ Passé Simple
⎢ Imparfait
⎢ Passé Antérieur
⎢ Plus-que-parfait
⎣ Conditionnel

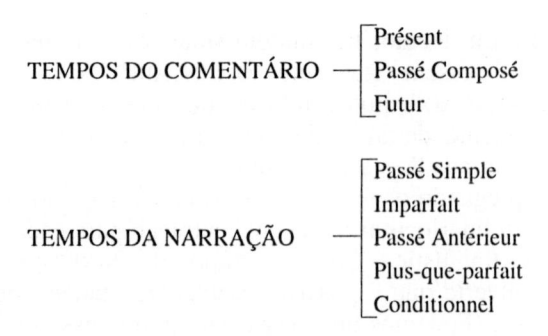

3.2. A perspectiva de locução

Na PERSPECTIVA DE LOCUÇÃO, em cada um dos grupos acima – COMENTÁRIO e NARRAÇÃO – os diferentes tempos têm por função exprimir a relação que existe entre o *tempo do texto* e o *tempo da ação*, sendo este último o tempo ao qual corresponde o conteúdo da comunicação. Em outras palavras, além de criar uma ATITUDE DE LOCUÇÃO comum entre si e seu interlocutor, o locutor ao empregar um determinado tempo verbal situa-se num eixo cronológico. De acordo com a PERSPECTIVA DE LOCUÇÃO os tempos verbais estariam distribuídos, então, da seguinte maneira:

	Retrospecção	Grau zero	Prospecção (ou Antecipação)
Narração	Passé Antérieur Plus-que-parfait	Imparfait Passé Simple	Conditionnel
Comentário	Passé Composé	Présent	Futur

Os tempos que indicam GRAU ZERO são tempos não-marcados quanto à PERSPECTIVA DE LOCUÇÃO. Os outros ou indicam uma busca no passado de uma informação relativa ao tempo da ação (uma RETROSPECÇÃO) ou invocam, antes da hora, uma informação também relativa ao tempo da ação, ou seja, antecipam uma informação ainda não efetivada pela realização da ação (uma PROSPECÇÃO).

A PERSPECTIVA DE LOCUÇÃO é uma noção importante do ponto de vista do ensino, uma vez que vai de encontro a uma concepção comumente encontrada em livros didáticos de que os tempos verbais – pretérito, presente e futuro – correspondem ao tempo cronológico – passado, presente e futuro. Em relação à PERSPECTIVA DE LOCUÇÃO, se Weinrich tem razão, o IMPERFEITO e o PRESENTE desempenham o mesmo papel.

3.3. A *mise en relief*

A terceira dimensão em que funcionam os tempos verbais é a chamada MISE EN RELIEF, ou realce, destaque, e corresponde ao fato de que certos tempos verbais têm também por função dar realce, destaque, a certas partes de um texto, colocando certos conteúdos em PRIMEIRO PLANO e outros como PANO DE FUNDO. Num texto narrativo, pertence ao PRIMEIRO PLANO ou ao PANO DE FUNDO o que o autor quer constituir como tal.

Na NARRAÇÃO o *imparfait* é o tempo do PANO DE FUNDO e o *passé simple*, o tempo do PRIMEIRO PLANO[17].

3.4. A noção de transição

Num texto, essas três noções que apresentamos articulam-se através das TRANSIÇÕES TEMPORAIS. Uma TRANSIÇÃO é a "passagem de um signo a outro durante o desenvolvimento linear do texto"[18]. Assim, uma TRANSIÇÃO TEMPORAL é a passagem de um signo temporal a outro signo temporal. Weinrich representou as TRANSIÇÕES TEMPORAIS numa matriz:

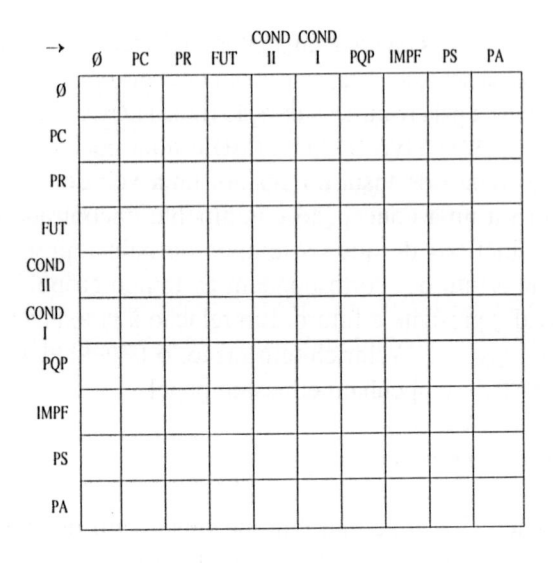

→	Ø	PC	PR	FUT	COND II	COND I	PQP	IMPF	PS	PA
Ø										
PC										
PR										
FUT										
COND II										
COND I										
PQP										
IMPF										
PS										
PA										

Nas colunas estão representados os tempos de partida e nas linhas os tempos de chegada. Trata-se de agrupar os tempos segundo os eixos diferentes (ATITUDE DE LOCUÇÃO, PERSPECTIVA DE LOCUÇÃO e MISE EN RELIEF) e determinar a função desses grupos. Para cada eixo definem-se TRANSIÇÕES HOMOGÊNEAS e HETEROGÊNEAS. Interpreta-se a matriz determinando-se se há uma diferença significativa entre as TRANSIÇÕES HOMOGÊNEAS e as HETEROGÊNEAS. Do ponto de vista da ATITUDE DE LOCUÇÃO, opõem-se as TRANSIÇÕES HOMOGÊNEAS do grupo do COMENTÁRIO, ou do grupo da NARRAÇÃO, às TRANSIÇÕES HETEROGÊNEAS, isto é, as que fazem passar de um grupo a outro. Em relação à PERSPECTIVA DE LOCUÇÃO as TRANSIÇÕES HOMOGÊNEAS podem ser de três tipos:

GRAU ZERO ↔ GRAU ZERO

INFORMAÇÃO ANTECIPADA ↔ INFORMAÇÃO ANTECIPADA

INFORMAÇÃO RETROSPECTIVA ↔ INFORMAÇÃO RETROSPECTIVA

Qualquer outra TRANSIÇÃO será HETEROGÊNEA[19].

Quanto à MISE EN RELIEF, que só acontece com os tempos da NARRAÇÃO, encontramos as seguintes TRANSIÇÕES:

HOMOGÊNEAS — ⎡ Pano de fundo – pano de fundo
⎣ Primeiro plano – primeiro plano

HETEROGÊNEAS — ⎡ Pano de fundo – primeiro plano
⎣ Primeiro plano – pano de fundo

Observemos o funcionamento da matriz de TRANSIÇÕES VERBAIS de Weinrich com o texto abaixo:

NARRATIVA 1 – Relatar um fato estranho, engraçado ou triste

Orientação	Faz pouco tempo | um casal *passou*[1] perto de
Detonador	casa, um casal jovem mas completamente bêbados.
Ação	A gurizada da rua, não *sei*[2] por qual razão, *começaram*[3] a judiar dos dois. Estas crianças já *começaram*[4] com espírito de malvadeza, sem pena de ninguém, sem vergonha nenhuma, *começaram*[5] a falar palavrões, isto de ambas as partes. Pedras eram *atiradas*[6] acertando os muros das casas da redondeza. Aqueles dois *pareciam*[7] tão velhos de longe, mas de perto *percebia*[8]-se a sua mocidade. Cambaleando pela rua sem direção, sem rumo, *ficaram*[9] bravos, exaltados com a farra feita pelos garotos
Sanção	ta pelos garotos | e *foram*[10] para desforra.

Estado final	Os caminhos de ambos os lados *eram*[11] sempre oscilatórios até desaparecerem a rua abaixo.
Avaliação e Coda	Primeiramente o fato *estava*[12] muito engraçado mas só de ver o estado em que se *encontram*[13] os pobres coitados *eram*[14] dignos de pena. Os meninos da rua *estavam representando*[15] uma parte da sociedade e nós, os expectadores, a outra parte que só *fica assistindo*[16].

ATITUDE DE LOCUÇÃO

→	Ø	Presente	Imperfeito	Pretérito Perfeito	Mais-que-Perfeito	Futuro do Pretérito	Futuro
Ø			1				
Presente			14	3			
Imperfeito		13, 16	8, 12, 7, 15	9			
Pret. Perf.		2	6, 11	4, 5	10		
Mais-que-Perfeito							
Fut. do Pret.							
Futuro							

Transições { Heterogêneas = 6 ; Homogêneas = 10 }

PERSPECTIVA DE LOCUÇÃO

→	Ø	Presente	Imperfeito	Pretérito Perfeito	Mais-que-Perfeito	Futuro do Pretérito	Futuro
Ø				1			
Presente			14	3			
Imperfeito		13 16	8 12 7 15	9			
Pret. Perf.		2	6 11	4 10 5			
Mais-que-Perfeito							
Fut. do Pret.							
Futuro							

▓ Transições $\begin{cases} \text{Heterogêneas} = 3 \\ \text{Homogêneas} = 13 \end{cases}$

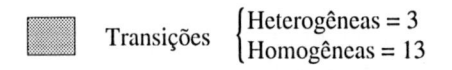

MISE EN RELIEF

→	Ø	Presente	Imperfeito	Pretérito Perfeito	Mais-que-Perfeito	Futuro do Pretérito	Futuro
Ø				1			
Presente			14	3			
Imperfeito		13 16	8 12 7 15	9			
Pret. Perf.		2	6 11	4 10 5			
Mais-que-Perfeito							
Fut. do Pret.							
Futuro							

▓ Transições $\begin{cases} \text{Heterogêneas} = 3 \\ \text{Homogêneas} = 13 \end{cases}$

Em geral, diz Weinrich (e isso se verifica nos textos que analisamos), as TRANSIÇÕES HOMOGÊNEAS predominam sobre as HETEROGÊNEAS, garantindo assim a consistência do texto, sua "textualidade"[20]. As TRANSIÇÕES HETEROGÊNEAS, embora participem pouco do estabelecimento dessa "textualidade", não são dispensáveis, pois modificam o nível de informação do ouvinte. Na verdade, essa análise de Weinrich é discutível, uma vez que está baseada numa teoria da informação que supõe que "no início de um texto o ouvinte possui uma quantidade de informação igual a zero (...) no fim do texto, ao contrário, o ouvinte tendo percebido e compreendido a totalidade da informação, nenhuma das possibilidades concernentes ao objeto da comunicação resta disponível. O desenvolvimento do texto segundo a sucessão linear de seus elementos significativos se concebe, nessa perspectiva, como uma redução progressiva de possibilidades"[21]. E, como sabemos, a comunicação não se limita a uma troca de informações.

Entretanto, é possível entender a noção de TRANSIÇÃO HETEROGÊNEA de uma maneira mais ampla. É o que faz Simonin-Grumbach num artigo sobre a teoria de Weinrich. A autora constata que esse tipo de TRANSIÇÃO, além de servir para *chamar a atenção do leitor* (por exemplo, se num determinado texto predominam as TRANSIÇÕES HOMOGÊNEAS e o autor passa, digamos, do GRAU ZERO para uma RETROSPECÇÃO ou para uma PROSPECÇÃO, essa PERSPECTIVA DE LOCUÇÃO não habitual chamará a atenção do leitor), serve para *demarcar momentos no texto*. Podemos perceber assim a importância da noção de TRANSIÇÃO num modelo de COESÃO do texto narrativo. E, mais do que isso, acrescentamos: é essa noção que permite articular teorias como as de Labov e Waletzky e Paul Larivaille, de um lado, com a teoria de Weinrich, de outro, para entender a relação COERÊNCIA/COESÃO no texto narrativo. (Esse ponto ficará bem mais claro na segunda parte deste trabalho quando, associando o uso dos tempos verbais à estrutura da narrativa, examinaremos as TRANSIÇÕES verbais entre os diversos momentos de um texto narrativo e as TRANSIÇÕES internas a esses momentos.)

De fato, a teoria de Weinrich é demasiado restrita no que diz respeito à realização das TRANSIÇÕES. Veremos que não é possível seguir à risca sua distribuição dos tempos verbais. Em relação à MISE EN RELIEF, por exemplo, veremos que o emprego dos tempos com função de dar destaque ou não a certos conteúdos em um texto é definido, antes de mais nada, pela estrutura da narrativa (por exemplo, não é à introdução de uma narrativa que se dá destaque, portanto usam-se aí tempos que indicam PANO DE FUNDO). Lembramos, é a COESÃO que decorre da COERÊNCIA.

No uso da língua mostram-se possíveis outros tipos de TRANSIÇÕES, que não as previstas por Weinrich, exercendo funções idênticas a essas. É o que constatamos ao examinar, por exemplo, o uso do PRESENTE e do PRETÉRITO PERFEITO em nossos dados (ver capítulo 3).

Em termos pedagógicos, adiantamos que a solução parece estar não na busca de um modelo rígido de COESÃO, em que tempos determinados exercem funções determinadas, mas na discussão de possibilidades de TRANSIÇÕES, buscando as mais interessantes do ponto de vista da língua e considerando os momentos narrativos em questão.

3.5. Tempos verbais, advérbios e pronomes

Voltando à apresentação da teoria de Weinrich, devemos mencionar o fato de que os tempos verbais exercem suas funções no texto em combinação com advérbios, conjunções, pronomes e morfemas de pessoa. Os advérbios têm um papel fundamental em textos narrativos e, como os demais elementos que se combinam com os tempos verbais, "tempo e advérbio não se combinam somente dentro da frase, mas associam-se, dentro do texto, a outros tempos e a outros advérbios"[22]. Examinando a ligação dos advérbios com as formas verbais sob o ângulo da ATITUDE DE LOCUÇÃO percebemos que certos advérbios combinam-se de preferência com os tempos COMENTATIVOS, como é o caso de *ontem, neste momento, amanhã*, enquanto outros combinam-se de preferência com os tempos NARRATIVOS, como *na véspera, naquele momento, no dia seguinte*. Em relação à PERSPECTIVA DE LOCUÇÃO, *ontem*, por exemplo, é um advérbio de valor RETROSPECTIVO, enquanto *amanhã* tem valor de PROSPECÇÃO e *neste momento* divide com o *presente* a expressão do GRAU ZERO. Quanto à MISE EN RELIEF, finalmente, associam-se ao *imperfeito*, tempo do PANO DE FUNDO, advérbios que marcam um "tempo", um andamento narrativo mais lento – *de vez em quando, às vezes, sempre*. Ao PRIMEIRO PLANO associam-se os advérbios que marcam, ou anunciam, um desenvolvimento narrativo mais rápido – *de repente, sem mais nem menos*. Os advérbios são, assim, "expansões dos tempos a que estão estruturalmente ligados"[23].

Igualmente fundamental é a relação entre o tempo verbal e as pessoas gramaticais[24]. A freqüência da 1ª e 2ª pessoas, que designam o locutor e o ouvinte, aumenta na medida em que estes estejam empenhados, um em relação ao outro, pela presença real do que COMENTAM, e diminui na NARRAÇÃO, em que se fala de um terceiro ausente. Assim, segundo Weinrich, existe uma afinidade entre a 1ª e 2ª pessoas e os tempos do COMENTÁRIO, de um lado, e uma atração dos tempos da NARRAÇÃO pela 3ª pessoa, de outro[25].

3.6. Para uma teoria mais flexível da relação coerência/coesão na narrativa

Podemos aproximar as noções de COMENTÁRIO e NARRAÇÃO, as duas ATITUDES DE LOCUÇÃO estabelecidas por Weinrich, das noções de DISCURSO e HISTÓRIA, dois planos de enunciação propostos por Benveniste. Para este trabalho será interessante tentar entender Weinrich à luz da teoria de Benveniste por esta apresentar-se mais aberta que a anterior em relação às funções dos tempos verbais num texto.

DISCURSO e HISTÓRIA são, como dissemos, dois planos de enunciação diferentes. Delimitam-se por traços positivos e negativos. Na HISTÓRIA *não* há marcas da enunciação (como *eu*, *aqui*, *agora*), enquanto no DISCURSO elas estão presentes.

O DISCURSO é "toda enunciação que suponha um locutor e um ouvinte e, no primeiro, a intenção de influenciar, de algum modo, o outro"[26]. A princípio todos os tempos do francês são admitidos nesse grupo, menos o *passé simple*. O *imparfait* e o *plus que parfait* são tempos da HISTÓRIA quando associados à 3ª pessoa e tempos do DISCURSO quando associados à 1ª e à 2ª pessoas. O *présent*, o *passé composé* e o *futur* são excluídos da HISTÓRIA porque a dimensão do presente é incompatível com a intenção histórica: "Um acontecimento, para ser apresentado como tal na dimensão temporal, deve ter cessado de ser presente, deve não poder mais ser enunciado como presente. Pela mesma razão o futuro é excluído: não é mais que um presente projetado para o porvir, implica prescrição, obrigação, certeza, que são modalidades subjetivas, não categorias históricas (...)"[27] No DISCURSO a exclusão limita-se ao *passé simple*, tempo histórico por excelência. Para enunciar fatos passados o DISCURSO emprega o *passé composé*.

Nas definições de DISCURSO e HISTÓRIA de Benveniste, como vimos, as exclusões são tão importantes como os tempos admitidos, ou seja, esses dois planos de enunciação mantêm entre si uma relação complementar. Há nessas definições, entretanto, como em Weinrich, um aspecto normativo na medida em que Benveniste ainda define de maneira rígida o valor de certos tempos.

J. Simonin-Grumbach, numa tentativa de estabelecer uma tipologia do discurso em função das diferentes relações que pode haver entre enunciado e enunciação, discute as definições de Benveniste e as reformula.

Inicialmente, ela considera como DISCURSO *todo texto com "shifters"*, que são elementos postos em relação com a instância de enunciação (tempo presente, 1ª e 2ª pessoas), e como HISTÓRIA *todo texto sem "shifters"* (textos em que imperam o *passé simple* e a 3ª pessoa). Em outras palavras, como DISCURSO, segundo Simonin-Grumbach, podemos entender todo texto em que há marcas com relação à situação de enunciação (Sit $\mathcal{E}$), ou seja, o que é determinado remete à Sit $\mathcal{E}$, e como HISTÓRIA todo texto em que as marcas não se efetuam em relação à Sit $\mathcal{E}$, mas em relação à situação do enunciado (Sit E). Entretanto, a própria Simonin-Grumbach amplia essas definições partindo da distinção entre o DISCURSO oral e o escrito. No DISCURSO *oral* os enunciados são marcados em relação à Sit $\mathcal{E}$ implícita, ou seja, a Sit $\mathcal{E}$ (identidade do locutor e do ouvinte, tempo e lugar da $\mathcal{E}$, dados da $\mathcal{E}$) é co-presente ao texto; no *escrito* os enunciados são também marcados em relação à Sit $\mathcal{E}$ mas ao menos uma parte da Sit $\mathcal{E}$ é verbalizada sob a forma Sit E = Sit $\mathcal{E}$. Se as situações são diferentes, tem de haver uma verbalização da situação de referência sob a forma de Sit E, tanto no DISCURSO oral como no escrito. Já na HISTÓRIA, constata-se uma ausência de relações entre Sit E e Sit Ɛ, portanto, é melhor definir esse plano de enunciação pela ausência de referências à Sit Ɛ e não pela ausência de *shifters* enquanto elementos de superfície (já que eles podem ser o traço de operações de marcas diferentes – em relação à Sit Ɛ ou à Sit E).

Esse raciocínio é interessante para a análise de nossos dados em que encontramos textos em que aparece a combinação 3ª pessoa-PRESENTE, além de textos em que predomina a HISTÓRIA e que, embora escritos, apresentam características de DISCURSO *oral* (referência à situação de enunciação, sem verbalização dessa situação).

Resumindo, neste capítulo, com Labov e Waletzky e Paul Larivaille, mostramos modelos do funcionamento da narrativa que dão conta, praticamente, de uma definição da COERÊNCIA desse tipo de texto, bem como teorias que procuram estabelecer as marcas desse funcionamento, poderíamos dizer, da COESÃO narrativa, com Weinrich e Benveniste. O que nossa discussão mostrou foi a procura de teorias mais abertas, menos rígidas em relação a essas marcas do funcionamento textual. Nesse sentido, começamos a discussão com Weinrich, que tem em sua noção de TRANSIÇÃO o ponto mais interessante para nossa análise, uma vez que é fundamental para a COESÃO narrativa. Vimos, entretanto, que Weinrich restringe muito as possibilidades de realização das TRANSIÇÕES e que, principalmente em textos escolares, essa realização vai além do previsto pela teoria. Em seguida, abordamos Benveniste (embora seus textos sejam anteriores ao de Weinrich), que considera outros aspectos que são fundamentais na escolha de um tempo para determinado momento em um texto. Simonin-Grumbach amplia as definições de Benveniste e caracteriza o DISCURSO oral e o escrito em função das diferentes relações que pode haver entre enunciado e enunciação.

Nos próximos segmentos veremos como se estabelecem as relações de COERÊNCIA nas redações com que trabalhamos e as conseqüentes relações de COESÃO. Examinaremos também um conjunto de fenômenos muito recorrentes em nossos dados e responsáveis por uma aparente falta de COESÃO e COERÊNCIA – o uso, no texto escrito, de elementos que só são eficazes no estabelecimento da COESÃO e COERÊNCIA num texto oral. Veremos que a COERÊNCIA, tal como prevista nos modelos apresentados aqui, está presente em nossos dados. O que não se encontra são os modelos fixos da COESÃO.

SEGUNDA PARTE

CAPÍTULO 3

COERÊNCIA NARRATIVA

1. Estrutura da narrativa e uso dos tempos verbais

Examinaremos agora a COERÊNCIA dos textos que recolhemos, bem como suas conseqüências no nível da COESÃO textual. Vimos que a COERÊNCIA de textos narrativos se estabelece tanto no nível de estrutura propriamente dita como no nível da inserção numa determinada situação de comunicação. Examinaremos, portanto, a seguir, esses dois aspectos da COERÊNCIA em nossos dados. Começaremos pelas questões relacionadas aos modelos de funcionamento da narrativa. Veremos como se articulam os elementos responsáveis pelo estabelecimento da COESÃO textual, em particular as relações entre tempos verbais, com as diversas partes da narrativa. Em outras palavras, veremos a importância das TRANSIÇÕES TEMPORAIS para a evidência da relação COE-

SÃO/COERÊNCIA num texto narrativo, lembrando que as TRANSIÇÕES podem servir como sinais demarcativos na formação de blocos no texto, blocos esses que correspondem às partes da narrativa.

Por que privilegiar tempos verbais dentro da organização textual ao se tratar de textos narrativos? Como foi dito anteriormente, as relações entre os tempos verbais tornam-se particularmente importantes nesse tipo de texto, pois é principalmente através delas que se dá o encadeamento, a progressão temporal necessária para que se reproduza lingüisticamente uma realidade que se transforma, uma realidade dinâmica.

1.1. As transições

No capítulo anterior mostramos a importância da noção de TRANSIÇÃO para uma análise como a nossa. Buscamos relacionar essa noção com um modelo de COESÃO narrativa. Vejamos agora, em nossos dados, quais os tempos verbais mais usados nas diversas partes da narrativa, como se dão as TRANSIÇÕES entre essas partes e que questões podem surgir daí.

Em nossos dados, no RESUMO, os tempos verbais mais usados são o PRESENTE e o PRETÉRITO PERFEITO:

NARRATIVA 2

[Resumo]
"*Vou* tentar falar de um artigo de jornal que eu li *há* muitos anos."

NARRATIVA 25

[Resumo]
"Um fato que *achei* estranho, foi uma reportagem que *li* no jornal, que *foi* mais ou menos assim:"

NARRATIVA 34

[Resumo]
"Nada mais engraçado (ou triste), dependendo do ponto de vista, como um lustre caindo na cabeça de sua amiga.
Foi tudo bem rápido. Será? "

NARRATIVA 73

[Resumo]
"Fatos interessantes *ocorrem* sempre conosco. Um deles, que *ocorreu* comigo e meus pais, vocês *podem* até não entender. *Foi* o seguinte:"

NARRATIVA 80

[Resumo]
"Eu *costumo* viajar muito, e numa dessas viagens *aconteceu* um fato trágico."

No ESTADO INICIAL e na ORIENTAÇÃO, o IMPERFEITO é o tempo verbal mais empregado, seguindo-se o PRETÉRITO PERFEITO. Encontramos aí ainda algumas ocorrências do PRESENTE. (Como vimos, ESTADO INICIAL e ORIENTAÇÃO são momentos distintos num texto narrativo. Acrescentamos aqui que o ESTADO INICIAL caracteriza-se mais pelo IMPERFEITO, enquanto o PRETÉRITO PERFEITO aparece mais na ORIENTAÇÃO):

NARRATIVA 5

[Estado inicial]
"Há algum tempo atrás quando *vagava* por um município de Minas Gerais"

NARRATIVA 16

[Orientação]
"Certo dia *fui* jogar um torneio de tênis em Piracicaba. O jogo *estava* marcado para as 20:00 horas mas como *atrasou* um pouco *joguei* mais ou menos às 21:30."

NARRATIVA 18

[Orientação]
"*Existe* uma cidade próxima de Campinas, chamada Atibaia. Nessa cidade, em determinada época do ano, *são realizados* Campeonatos de Asa Delta."

NARRATIVA 40

[Orientação]
"Numa tarde de domingo minhas irmãs e eu *fomos* na casa de uma tia no bairro do Taquaral (ela *mora* numa casa de esquina)."

[Estado inicial]
"Eram aproximadamente 15:00 nós *estávamos* na sala ouvindo música"

Como vimos em Weinrich, os textos em que predomina a ATITUDE DE LOCUÇÃO de NARRAÇÃO têm normalmente uma introdução em que os tempos mais freqüentes são os do PANO DE FUNDO. O IMPERFEITO é, por excelência, o tempo do PANO DE FUNDO, o que vem a ser confirmado em nossos dados.

Como se instalam as TRANSFORMAÇÕES no texto narrativo? Como se dá a passagem ESTADO INICIAL/ TRANSFORMAÇÕES? O protótipo dessa TRANSIÇÃO parece ser a TRANSIÇÃO HETEROGÊNEA IMP/de repente PP[1]. Verificamos também muitas TRANSIÇÕES IMP/PP com outros advérbios como:

IMP/então PP (Narrativa 7)
IMP/mas um dia PP (Narrativa 8)
IMP/mas PP (Narrativa 3)
IMP/até que PP (Narrativa 34)
IMP/quando de repente PP (Narrativa 35)

É ainda comum a TRANSIÇÃO IMP/PP sem a mediação de um advérbio. Aparece também a TRANSIÇÃO PP/PP e PP/advérbio PP, sendo que este advérbio marca PRIMEIRO PLANO na NARRAÇÃO:

PP/mas um dia PP (Narrativa 4)
PP/até que PP (Narrativa 15)
PP/de repente, sem mais, sem menos PP (Narrativa 59)

Quando a TRANSIÇÃO é PP/PP sem um advérbio que deixe clara na história a passagem do PANO DE FUNDO para o PRIMEIRO PLANO, geralmente não se pode decidir exatamente onde termina o ESTADO INICIAL e que fato pode ser considerado como o DETONADOR. Baseando-nos em classificações de Halliday e Vendler, consideramos o valor semântico dos verbos envolvidos como responsável pela TRANSIÇÃO, sendo que, em geral, no ESTADO INICIAL os verbos expressam *estado*[2].

Nos casos em que esse recurso não foi satisfatório (como na Narrativa 16, abaixo), encontramos soluções baseando-nos no desenrolar da história, ou seja, no esquema de COERÊNCIA narrativa que a história segue:

NARRATIVA 16

[Orientação]
"Certo dia fui jogar um torneio de tênis em Piracicaba. O jogo estava marcado para as 20:00 horas, mas como atrasou um pouco, *joguei* mais ou menos às 21:30.

[Detonador]
Entrei na quadra e logo *vi* meu adversário, um preto muito mal encarado."

Há ainda (como na Narrativa 67, abaixo) casos em que o ESTADO INICIAL está no IMPERFEITO e PRETÉRITO PERFEITO e as TRANSFORMAÇÕES são instaladas por "de repente – PRESENTE":

NARRATIVA 67

"(...) Em um ônibus, voltando da escola, eu meditava (...) Pensei de como Deus deve saber sobre nós (...) E pensei na sua grandeza (...)
[Detonador]
De repente o vento *fica* mais forte."

No próximo segmento veremos como a troca de tempos do pretérito por um presente funciona como elemento organizador da história.

Depois de verificar como se instalam as TRANSFORMAÇÕES, verifiquemos suas TRANSIÇÕES internas, isto é, como se dá a passagem entre DETONADOR/AÇÃO/SANÇÃO: aí a ordem cronológica dos fatos raramente é invertida, de tal maneira que raramente são usados os tempos da NARRAÇÃO que indicam a RETROSPECÇÃO, como na Narrativa 2, abaixo, em que temos as seguintes TRANSIÇÕES:

DETONADOR /	ESTADO FINAL /	AÇÃO
↓	↓	↓
PP	PP	PP

NARRATIVA 2

[Estado inicial]
"(...) uma família viajava a noite

[Detonador]
e de repente apareceu uma luz forte vinda do céu.
[Estado final]
No outro dia a família foi encontrada em outro país, dormindo dentro do carro.
[Ação]
A polícia perguntou ao chefe da família como eles chegaram lá, ele disse que não sabia, só disse o que *ocorrera* na *noite anterior* quando ele saiu do carro viu as marcas dos dois lados do carro como se alguma coisa tinha pegado o carro."

Podemos observar nesse exemplo o ESTADO FINAL antecedendo a AÇÃO. Na AÇÃO encontramos primeiro um PRETÉRITO PERFEITO introduzindo um DISCURSO INDIRETO ("a polícia *perguntou* (...)"). O tempo em "como eles *chegaram* lá (...)" é ambíguo; tanto pode ter valor de MAIS-QUE-PERFEITO como de PRETÉRITO PERFEITO, pois esses dois tempos aparecem adiante no texto: "(...) só disse o que *ocorrera* na noite anterior (...)" (em que vemos tempo e advérbio numa RETROSPECÇÃO perfeita); e depois "(...) quando ele *saiu* do carro e *viu* as marcas (...)"[3].

Trataremos posteriormente, sob um outro ângulo, da questão do emprego dos advérbios conjuntamente com os tempos verbais na variação da PERSPECTIVA DE LOCUÇÃO. O que aparentemente seria um uso incorreto de advérbios pode ser uma variação da PERSPECTIVA DE LOCUÇÃO apenas com esses advérbios, sem a variação correspondente dos tempos verbais. Podemos adiantar uma outra possibilidade de explicação para esse fenômeno: uma tendência dos alunos a tomarem o momento da enunciação como referência.

Entre DETONADOR/AÇÃO/SANÇÃO, as TRANSIÇÕES são geralmente dos seguintes tipos:

PP/PP
IMP/IMP
IMP/PP

com uma maioria de TRANSIÇÕES HOMOGÊNEAS *caracterizando o bloco central do texto narrativo*. Exemplos:

NARRATIVA 35 – Transição

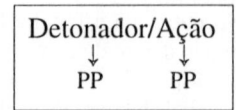

Detonador/Ação
↓   ↓
PP   PP

"Eu estava fazendo as minhas compras costumeiras na feira,
[Detonador]
quando de repente, uma velha senhora começou a gritar:
– Pega ladrão, pega ladrão!
[Ação]
Eu assustada parei e fiquei esperando as pessoas que lá estavam se aproximarem pois ela estava apontando para mim (...)"

NARRATIVA 77 – Transição

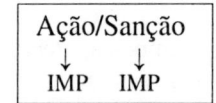

Ação/Sanção
↓   ↓
IMP IMP

[Ação]
"(...) Levaram-me perto da lanchonete, que já estava fechada, por ser muito tarde, e ficaram lá conversando, enquanto eu tentava me recuperar do efeito da bebida.
[Sanção]
Antes de todos irmos dormir, eu já estava recuperado e agradecendo a todos fui dormir."

NARRATIVA 8 – Transição

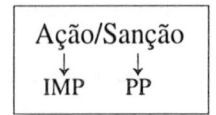

Ação/Sanção
↓   ↓
IMP PP

[Ação]
"(...) Pensou em tudo em gritar, em bater, em sair correndo, mas não fez nada só observou o vulto, este tinha barba e mexia no seu criado mudo.
[Sanção]
Encheu-se de coragem e deu um tapa no vulto (...)"

O último exemplo mostra uma TRANSIÇÃO HETEROGÊNEA em relação à MISE EN RELIEF (IMP/PP – mexia/encheu-se) na passagem do bloco AÇÃO para o bloco SANÇÃO. Em relação à ATITUDE DE LOCUÇÃO, a TRANSIÇÃO é HOMOGÊNEA e, assim, AÇÃO e SANÇÃO caracterizam o bloco narrativo maior que constituem junto com o DENOTADOR: as TRANSFORMAÇÕES.

As TRANSIÇÕES TRANSFORMAÇÕES/ESTADO FINAL são, em grande maioria, dos seguintes tipos:

| IMP/PP |
| PP/IMP |
| PP/P |
| PP/PP |

(Reencontramos aí a maioria das TRANSIÇÕES que se dão entre ESTADO INICIAL/TRANSFORMAÇÕES.) Exemplos:

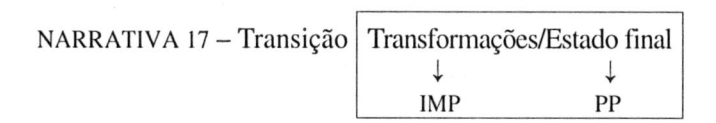

NARRATIVA 17 – Transição | Transformações/Estado final
↓ ↓
IMP PP

"(...) depois de alguns minutos o litro de pinga estava vazio e todo mundo rindo, contando piadas
[Estado final]
esqueceram-se do velório do pai de nosso colega."

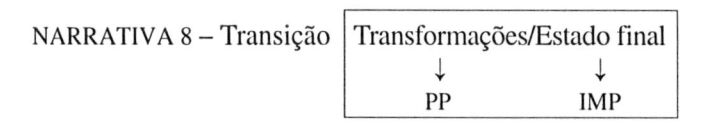

NARRATIVA 8 – Transição | Transformações/Estado final
↓ ↓
PP IMP

[Estado final]
"(...) *deu* um tapa no vulto, percebendo depois que *era* a sua mãe."

NARRATIVA 4 – Transição

Transformações/Estado final	
↓	↓
PP	P

[Estado final (ou Coda)]
"(...) gostamos um do outro e hoje sou casada com ele."

NARRATIVA 15 – Transição

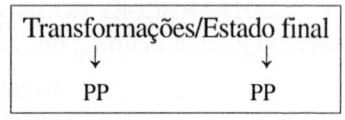

Transformações/Estado final	
↓	↓
PP	PP

[Estado final (*com características de* Avaliação)]
"(...) fui correndo socorrê-lo. Após quase morrer afogado meu amigo teve fôlego ainda para correr duas horas atrás de mim."

No caso dessa TRANSIÇÃO, valemo-nos do mesmo critério usado para dar conta da TRANSIÇÃO HOMOGÊNEA

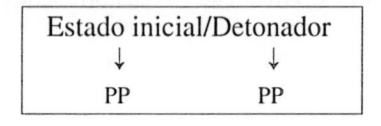

Estado inicial/Detonador	
↓	↓
PP	PP

ou seja, a classificação de orações e tempos verbais de Halliday e Vendler (cf. nota 2). Observe-se que na Narrativa 15 (acima) o ESTADO FINAL caracteriza-se por um verbo de estado, como na Narrativa 27, abaixo:

NARRATIVA 27

"(...) Anita conformada seguiu aquela mulher
[Estado final]
Maria *ficou* muito sentida e D. Rosa passou a crêr no sobrenatural."

Em relação ao emprego dos advérbios em correlação com os tempos verbais, já foi dito que parece haver alguns problemas nos textos de que dispomos quanto à PERSPECTIVA DE LOCUÇÃO. Quanto à ATITUDE DE LOCUÇÃO, os alunos mostram total domínio: *ontem*, *amanhã* combinam-se com os tempos de comentário, e *no dia seguinte*, com os tempos narrativos. Advérbios que marcam um andamento narrativo mais lento associam-se ao PANO DE FUNDO; advérbios que marcam um desenvolvimento narrativo mais rápido (*de repente*, por exemplo) associam-se ao PRIMEIRO PLANO.

Quanto à prática pedagógica, diante desse quadro, podemos sugerir que não se trata de tomar a teoria de Weinrich de um ponto de vista normativo, estabelecendo valores definidos para as TRANSIÇÕES, e sim refletir sobre sua importância, procurando ver, a partir da competência narrativa dos alunos, quais as TRANSIÇÕES mais interessantes no decorrer da narrativa e quais as conseqüências do uso de um ou de outro tempo verbal para sua COESÃO. Em outras palavras, tentar adequar um modelo que preveja várias possibilidades de estabelecimento da COESÃO narrativa ao modelo de COERÊNCIA narrativa que dominam.

Nesse sentido, a seguir examinaremos o emprego do PRETÉRITO PERFEITO, que aparece em português com as funções do *passé composé* e do *passé simple* do francês, além de substituir o MAIS-QUE-PERFEITO. Além do PRETÉRITO PERFEITO, o PRESENTE, que, segundo Weinrich, é essencialmente um tempo do COMENTÁRIO, mas que aparece em nossos dados com função narrativa, será alvo de nossa atenção.

1.2. Certos usos dos tempos verbais

1.2.1. O presente

Vimos anteriormente que, para Weinrich, o PRESENTE é essencialmente um tempo do COMENTÁRIO, e que um tempo não pode jamais pertencer ao grupo do COMENTÁRIO e ao da NARRAÇÃO ao mesmo tempo, isto é, um tempo verbal ou denota uma ATITUDE DE LOCUÇÃO DE NARRAÇÃO ou uma ATITUDE DE LOCUÇÃO DE COMENTÁRIO. Além disso, vimos que o PRESENTE é o tempo que indica GRAU ZERO, isto é, nem RETROSPECÇÃO nem ANTECIPAÇÃO quanto à PERSPECTIVA DE LOCUÇÃO.

Para Benveniste, o PRESENTE é excluído da dimensão da HISTÓRIA porque, segundo ele, "um acontecimento, para ser apresentado como tal na expressão, temporal, deve ter cessado de ser presente, deve não poder mais ser enunciado como presente"[4].

Em nossos dados, há dois grandes grupos de TRANSIÇÕES VERBAIS em que entra o PRESENTE que parecem contrariar Weinrich e Benveniste.

Examinemos o primeiro caso, semelhante a um fenômeno, estudado por Wolfsson, que ocorre em narrativas orais. Segundo Wolfsson, um traço definidor da narrativa conversacional é a substituição estilística do PASSADO pelo PRESENTE – PRESENTE este que chama de PRESENTE HISTÓRICO CONVERSACIONAL. Nos dados que analisou (*narrativas orais*) Wolfsson constatou que a troca de tempos funciona como um elemento organizador da história em segmentos cronológicos e que, "em virtude da seqüência dos eventos propriamente ditos, o evento mais dramático é freqüentemente contado no passado"[5]. Esse mesmo PRESENTE ocorre em nossos dados:

NARRATIVA 16

[Sanção]
"(...) Resultado perdi o jogo
[Orientação]
Mais ou menos, 23:30 sai do clube para ir a Rodoviária
[Detonador]
No caminho *encontro* um negro pedindo dinheiro.
[Ação]
Mas como eu não tinha, ele roubou minha sacola (...)
[Sanção]
(...) Fui dormir numa escadaria escura longe dos negros
[Detonador]
Lá pelas 5:00 da manhã, *acordo* e *vejo* uma grande multidão de pessoas, todas negras, dormindo ao meu lado (...)
[Sanção]
(...) O motorista levou minha mãe ao hospital e não cobrou nem a bandeirada."

O aluno vinha usando o PRETÉRITO PERFEITO: quando vai começar outro episódio dentro da história que está contando, introduz o PRESENTE ("No caminho *encontro* (...)"), depois PRETÉRITO PERFEITO ("(...) roubou (...)"). Outro episódio, PRESENTE novamente ("*acordo* e *vejo* (...)").

Outros casos de PRESENTE HISTÓRICO CONVERSACIONAL aparecem nas Narrativas 24 e 26:

NARRATIVA 24

[Orientação]
"Fim de férias, seis horas da manhã,
[Detonador]
e D. Chica entra no quarto de Joãozinho e o *chama*, que depois de muito ser chamado, *levanta*.
[Ação]
De início com preguiça e sem muita vontade mas ao se lem-

brar de que *era* dia de ir ao colégio, rever os amigos e contar vantagens, a preguiça *some*.
Joãozinho *toma* o seu café da manhã, *pega* um caderno e *sai* correndo em direção ao colégio.
Mas nessa corrida *percebe* que está sendo seguido por um cachorro branco com algumas manchas pretas.
Joãozinho *tentou* fazer com que o cachorro parace de o seguir, mas não *houve* jeito o cachorro o *seguiu* até o colégio e o *esperou* na porta da classe e mal Joãozinho *saia* da classe e o cachorro *ia* atrás (...)"

NARRATIVA 26

[Ação]
"(...) Logo em seguida *começou* a cair uns pingos de chuva e cada vez mais forte, depois *começou* a cair pedras e mais pedra.
Os relâmpagos e trovões *eram* cada vez mais forte. Num dado momento *cai* um raio e *pega* no fio da televisão, queimando e dando um susto enorme.
A chuva em vez de parar *parece* que cada vez *aumentava* mais e as pedras também (...)"

Observando os dois exemplos acima podemos ver que tanto em

"(...) depois de muito ser chamado, *levanta*. De início com preguiça e sem muita vontade mas ao se lembrar de que *era* dia de ir ao colégio, rever os amigos e contar vantagens, a preguiça *some* (...)"

como em

"(...) A chuva em vez de parar *parece* que cada vez *aumentava* mais e as pedras também."

o IMPERFEITO aparece em orações subordinadas. Continua sendo o tempo do PANO DE FUNDO, mostrando assim que os textos são mesmo narrativos, ou melhor, mostrando que se mantém a ATITUDE DE LOCUÇÃO DE NARRAÇÃO, só que a TRANSIÇÃO PANO DE FUNDO/PRIMEIRO PLANO é feita do IMPERFEITO para o PRESENTE e não para o PRETÉRITO PERFEITO como seria de se esperar. Veremos depois que o PRETÉRITO PERFEITO tem uma tendência a ser usado com valor de COMENTÁRIO. Assim, neste caso, na NARRAÇÃO, o PRESENTE estaria assumindo o lugar e o papel do PRETÉRITO PERFEITO.

A alternância do PRESENTE HISTÓRICO CONVERSACIONAL com o passado é um fenômeno discursivo. É parte de um conjunto de alternâncias, isto é, de um conjunto de TRANSIÇÕES. Examinando esse conjunto no nível do discurso (e não no nível de uma sentença isolada, entendendo assim que os alunos estariam cometendo erros) é que podemos entender a função do PRESENTE HISTÓRICO CONVERSACIONAL: a de organizar a narrativa. Segundo Wolfsson, "o evento mais dramático é freqüentemente contado no passado"[6]. Entretanto os textos que apresentamos aqui mostram que o PRESENTE tanto pode desempenhar o papel de PANO DE FUNDO, como previu Wolfsson, como o de PRIMEIRO PLANO, marcando, às vezes, um novo momento narrativo. E isso nos mostra mais uma vez a inadequação da atribuição de um valor fixo a um tempo verbal. Cabe também dizer que o PRESENTE HISTÓRICO CONVERSACIONAL tem de característico sua OPCIONALIDADE – o falante pode escolher quando usá-lo e quando não usá-lo.

A teoria de Wolfsson, podemos dizer, acaba por tornar-se, em última análise, uma teoria de demarcação de momentos da narrativa, uma teoria de organização da narrativa através das TRANSIÇÕES verbais. Weinrich, lembramos, também apontou para o fato de que tipos determinados de TRANSIÇÕES HETEROGÊNEAS funcionam como sinais demarcativos. De nossa análise concluímos que qualquer TRANSIÇÃO HETEROGÊNEA pode ter essa função.

Como dissemos no início deste capítulo, o PRESENTE aparece em nossos dados em dois grandes grupos de TRANSIÇÕES. Podemos dizer que aparece como NARRAÇÃO (acabamos de examiná-lo) e como NÃO-NARRAÇÃO. Como no primeiro caso, o PRESENTE NÃO-NARRAÇÃO também aparece numa alternância – a alternância COMENTÁRIO/NARRAÇÃO – e ocorre freqüentemente na CODA das histórias, como é o caso dos exemplos abaixo:

NARRATIVA 44

"(...) O tempo passou, elas foram embora, e até hoje nós três *dormimos* com as camas emendadas, não *dormimos* com a luz apagada e não *ficamos* sozinha em casa nem durante o dia.

Quanto a televisão, os canais trêze (Bandeirantes) e sete (Record), nas quintas e sextas feiras para nós não *existe*.

E as minhas primas *devem estar* até hoje rindo de nós e chateadas porque naquela noite ninguém dormiu (...)"

NARRATIVA 3

"(...) Depois de dois dias fomos encontrar ele mas o pobrezinho estava morto, ele foi atropelado. Todos sentimos sua falta pois o amor que nos depositamos nele foi grande. Para esquecermos o cachorrinho pegamos dois filhotes de canário para criar e até hoje os dois *estão* lá em casa. Os canários cantam que *é* uma maravilha. Os dois *são* amarelinhos (...)"

A alternância COMENTÁRIO/NARRAÇÃO ocorre ainda como uma intervenção do narrador, geralmente uma AVALIAÇÃO:

NARRATIVA 24

"E Joãozinho não resistiu e levou-o para casa e lhe deu um nome, e *é* justamente aí que *surge* o mais engraçado e estranho de toda a estória, Joãozinho deu seu próprio nome ao cachorro o qual se tornou seu melhor amigo."

NARRATIVA 10

"(...) e a televisão explodiu. Não *sabemos* se por coincidência ou não, mas esse fato marcou muito (...)"

NARRATIVA 13

"(...) Todos dentro do carro deram grandes gargalhadas (...) *Sei* que os enfermeiros se molharam mas que foi engraçado foi."

NARRATIVA 16

"(...) Por isso *é* que eu *acho* que todo mundo *é* igual hoje em dia, negros, brancos, etc..."

Lembramos que a alternância COMENTÁRIO/NARRAÇÃO está prevista pelo modelo de Weinrich. O que não está previsto e seria portanto inesperado, de acordo com a teoria, é a grande freqüência dessa alternância.

Resumindo, o PRESENTE com função de COMENTÁRIO aparece em narrativas de duas maneiras:

1) como uma intervenção do narrador, geralmente uma AVALIAÇÃO;
2) na CODA.

Examinar o uso do PRESENTE em nossos dados nos faz recolocar dois pontos: a importância da noção de TRANSIÇÃO e a questão do uso do PRETÉRITO PERFEITO. (Lembramos que o PRESENTE HISTÓRICO CONVERSACIO-

NAL estaria assumindo o lugar e o papel do PRETÉRITO PERFEITO na NARRAÇÃO, já que este tem uma tendência a ser usado com valor de COMENTÁRIO.)

Em relação à importância da noção de TRANSIÇÃO gostaríamos de lembrar, com palavras de Wolfsson, que, "se o contraste das formas temporais é usado para estruturar a história, isto não muda o fato de que o modo pelo qual este recurso é utilizado é inteiramente relativo ao falante individual"[7].

Examinemos agora o PRETÉRITO PERFEITO, que é um tempo ambíguo, na medida em que desempenha função de COMENTÁRIO e de NARRAÇÃO, e entra em muitas TRANSIÇÕES em nossos dados.

1.2.2. O pretérito perfeito

O PRETÉRITO PERFEITO é o tempo dominante nos textos que analisamos. Entra em muitas TRANSIÇÕES e, pode-se dizer, é um tempo ambíguo, pois aparece tanto na NARRAÇÃO como no COMENTÁRIO. Desempenha em português as funções do *passé simple* e do *passé composé* do francês – oposição que não existe em português sob essa forma[8]. Recordemos essa oposição: de acordo com Weinrich, o *passé composé* faz parte do grupo dos tempos verbais que expressam uma ATITUDE DE LOCUÇÃO DE COMENTÁRIO e RETROSPECÇÃO quanto à PERSPECTIVA DE LOCUÇÃO. Já o *passé simple* faz parte do grupo da NARRAÇÃO, indica GRAU ZERO quanto à PERSPECTIVA DE LOCUÇÃO e PRIMEIRO PLANO quanto à MISE EN RELIEF. De acordo com Benveniste, o *passé simple*, tempo HISTÓRICO por excelência, não é admitido no DIS-

CURSO. Para enunciar fatos passados o DISCURSO emprega o *passé composé*.

Em português, o PRETÉRITO PERFEITO desempenha funções do *passé simple* e do *passé composé*, sendo que em muitos casos parece ter mais uma função de RETROSPECÇÃO no COMENTÁRIO (*passé composé*) do que de TEMPO ZERO na NARRAÇÃO (*passé simple*). Daí a dificuldade, às vezes (como vimos na primeira parte deste trabalho), de se distinguir AVALIAÇÃO e CODA, como nos exemplos abaixo:

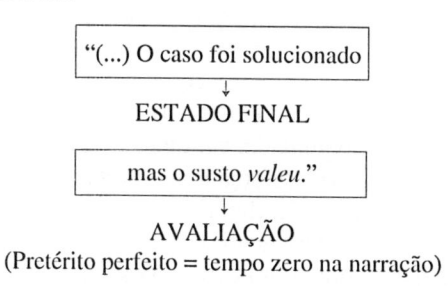

NARRATIVA 32[1]

"(...) O caso foi solucionado
↓
ESTADO FINAL

mas o susto *valeu*."
↓
AVALIAÇÃO
(Pretérito perfeito = tempo zero na narração)

ou

CODA?
(Pretérito perfeito = retrospecção no comentário)

NARRATIVA 15

"(...) Após quase morrer afogado meu amigo teve folego ainda para correr duas horas atrás de mim.
↓
ESTADO FINAL

Provavelmente esta *foi* a última vez, que *tento* pregar um susto a alguém."
↓

AVALIAÇÃO
(Pretérito perfeito = tempo zero na narração)

ou

CODA?
(Pretérito perfeito = retrospecção no comentário)

Nesses dois exemplos temos um final de texto que tanto pode ser interpretado como AVALIAÇÃO quanto como CODA. Na Narrativa 32 o PRETÉRITO PERFEITO *valeu* pode ser interpretado como TEMPO ZERO da NARRAÇÃO e, portanto, o segmento em que aparece é interpretado como AVALIAÇÃO, e pode ser interpretado como indicando uma RETROSPECÇÃO no COMENTÁRIO, isto é, indicando que se toma a situação de enunciação como referência e, portanto, CODA. Na Narrativa 15 o PRETÉRITO PERFEITO *foi* também transmite essa ambigüidade; entretanto, o PRESENTE, em "a última vez que *tento*", reforça a interpretação desse PRETÉRITO PERFEITO como indicativo de RETROSPECÇÃO no COMENTÁRIO, caracterizando portanto todo o segmento em que se encontra como CODA (por oposição a "a última vez que *tentei*", que indicaria AVALIAÇÃO).

Outro fenômeno que pudemos observar é o uso do PRETÉRITO PERFEITO pelo MAIS-QUE-PERFEITO. Parece ocorrer o que já mencionamos anteriormente, ou seja, os alunos não dominam a variação nos tempos verbais no que diz respeito à RETROSPECÇÃO, valendo-se para essa variação dos advérbios e da própria seqüência da narrativa[9]:

NARRATIVA 41

"(...) Numa noite ao ir dormir, escutei alguns barulhos em meu quarto (o quarto de hóspedes) mas nem liguei, pois não acredito em 'histórias fantasmagóricas', mas tudo bem.
Quando deitei, a porta do meu armário, abriu como se algo a tivesse aberto, pois *tranquei-a* antes de deitar."

NARRATIVA 33

"(...) No dia seguinte, meu tio, irmão de meu pai, que já estava doente, morreu. Aí meu pai ligou os fatos e perguntou à minha avó se *na noite passada* ela *passou* pelo corredor e ela disse que estava dormindo."

NARRATIVA 3

"(...) Depois de dois dias fomos encontrar ele mas o pobrezinho estava morto, ele *foi atropelado*."

Observemos que na Narrativa 33 o aluno usa não só o PRETÉRITO PERFEITO quando deveria ter usado o MAIS-QUE-PERFEITO, mas também um advérbio ligado ao COMENTÁRIO: "(...) e perguntou à minha avó se *na noite passada* ela *passou* pelo corredor (...)"

Podemos notar que os casos de RETROSPECÇÃO feita com o PRETÉRITO PERFEITO em vez de com o MAIS-QUE-PERFEITO são casos de DISCURSO INDIRETO (Narrativa 33) ou de uma volta à situação de enunciação para explicar fatos relativos à história (Narrativas 41 e 3). Parece que nesses casos a tendência é tomar como referência o momento em que se está. Tomando o exemplo da Narrativa 3, pode-se pensar que os alunos ignoram as formas do MAIS-QUE-PERFEITO no verbo SER, o que nos parece pouco provável. Diríamos que tendem, ao dar uma explicação para a história em questão, a se colocar *a partir do momento de enunciação*, como se estivessem na presença de seu interlocutor, dirigindo-se diretamente a ele.

Mais adiante observaremos outras conseqüências para a COESÃO e a COERÊNCIA de textos narrativos dessa volta ao momento de enunciação.

2. Os textos não-narrativos

Embora a grande maioria dos textos que constituem nossos dados sejam narrativas bem-sucedidas, encontramos alguns que não o são. *Começam* como se fossem narrativas, ou seja, apresentam segmentos com característica de RESUMO, ou de ESTADO INICIAL ou ORIENTAÇÃO, e até mesmo um fato que poderia ser considerado como DETONADOR, como no exemplo abaixo, mas o texto não se configura como NARRATIVA:

NARRATIVA 83 – Um fato pitoresco

[Resumo]
"Aconteceu, em uma época em que eu andava muito preocupada com a vida.
[Estado inicial]
Quando pensei que as coisas estavam chegando aos seus devidos lugares, me acontece uma coisa extraordinária.
[Detonador]
Conheci um rapaz pelo qual meu coração bateu bem mais forte e a partir daí houve uma reviravolta na minha vida.

Comecei a achar um novo sentido na vida, a ver as flores e os pássaros com maior ternura e como que num passe de mágica eu estava apaixonada, apaixonada por alguém que acabara de conhecer.

Foi um fato que marcou tremendamente minha vida e que me fez sentir a importância do amor em nossa vida."

NARRATIVA 29 – Narração de um acontecimento

[Resumo]
"Um fato que abalou quase que praticamente o mundo inteiro, foi o assassinato do Presidente do Egito, Anuar Sadat ganhador do Nobel da Paz de 1980 por ter restabelecido a Paz entre o Egito e Israel que por vários anos se odiaram por uma causa que poderia ser evitado, custando-lhes ambos os lados milhares de vidas.

Atualmente estabelecido a paz está havendo a entrega das terras conquistadas por Israel por meio de acordos assinados por ambas as partes.

Foi um assassinato de certo modo covarde praticado por um certo grupo de fanáticos religiosos que não concordavam com o meio de governo que era regido o país. Em alguns países vizinhos houve até comemorações pela morte do Presidente do Egito que fora assassinado com vários de seus colegas de cupula."

NARRATIVA 20 – Narrar um acontecimento estranho/ou engraçado/ou triste.

[Resumo]
"Um fato triste que aconteceu comigo foi quando a Ponte Preta perdeu o título de Campeão Paulista de 77, quando o jogador Rui Rei vendeu o jogo.
[Estado inicial]
Tudo indicava que a Ponte Preta seria campeã mas aconteceu tudo ao contrário com ela perdendo o título para o Corinthians.

E a dose se repetiu outra vez em 1979 contra o mesmo time, o Corinthians, mas desta vez ninguém vendeu o jogo, nesta ocasião, eu tenho que admitir que mesmo sendo torcedor da Ponte Preta, admito que naquela época, o time não estava em seu 100%, isto é, não estava bem."

Procurando uma relação do título dado à redação com o texto em si, percebemos que os textos não predominantemente narrativos encontram-se em número maior sob o título "Um fato pitoresco". Em outros casos, o aluno declara logo que vai contar um fato, como nas Narrativas 29 e 20, acima ("Um *fato* que abalou..." e "Um *fato* triste que aconteceu comigo..."). Assim, um elemento que parece determinar a produção ou não de textos narrativos é o emprego das palavras FATO ou ACONTECIMENTO, dois termos-chave nos títulos das redações que analisamos. A maneira como esses dois termos são usados em nossos dados nos leva a encará-los como distintos: o FATO é mais *pontual* do que o ACONTECIMENTO, que implica um processo, um desenrolar numa certa ordem cronológica. Sendo uma narrativa uma recapitulação de uma experiência passada, "correspondendo uma seqüência verbal de cláusulas a uma seqüência de eventos que realmente ocorrem"[10], e sendo que essas cláusulas apresentam-se ordenadas temporalmente, achamos que o uso dos termos FATO e ACONTECIMENTO é um dos fatores determinantes na produção de textos narrativos. É de se esperar que surjam mais textos predominantemente narrativos quando se usa o termo ACONTECIMENTO do que quando se usa FATO, como acontece em nossos dados.

Entretanto, pudemos notar que vários livros didáticos que analisamos referem-se mais a FATO ao definir a narrativa. Falam também, às vezes, de ACONTECIMENTO, mas sem fazer qualquer discriminação. Os dicionários também não distinguem FATO e ACONTECIMENTO da maneira como os concebemos aqui.

Em seu *Novo Dicionário da Língua Portuguesa*, Aurélio Buarque de Hollanda define FATO como "1. Coisa ou ação feita; sucesso, caso, acontecimento, feito. 2. Aquilo que realmente existe, que é real" e ACONTECIMENTO como "1. Aquilo que acontece. 2. Fato que causa sensação; caso notável. 3. Episódio, sucesso, ocorrência".

Antônio Geraldo da Cunha, em seu *Dicionário Etimológico da Língua Portuguesa*, define FATO como "coisa ou ação feita; o que realmente existe (Do lat. *factum -i*)", e ACONTECER como "realizar-se inopinadamente, suceder, sobrevir (lat. *contigescĕre, incoativo de *contigĕre, do latim clássico *contingĕre*, através da variante *contecer*, hoje desusada)".

Chamamos a atenção para a idéia incoativa do latim *contigescĕre*, que parece sobreviver ainda em nosso *acontecer* e *acontecimento*.

Há, de fato, em nossos dados um grupo de redações (de 45 a 57) em que todos os textos são narrativas, podemos dizer, bem-sucedidas. São todos textos que correspondem em linhas gerais a um modelo de COERÊNCIA narrativa. Não por acaso aparece com freqüência nesse grupo o título "Narre um acontecimento engraçado que aconteceu em sua vida". (Além da recorrência da idéia de ACONTECIMENTO, parece haver também uma segunda questão em jogo – a expressão *em sua vida*. Parece-nos que é mais comum a narrativa de acontecimentos pessoais do que relativos a terceiros.)

CAPÍTULO 4

COERÊNCIA LIGADA À INTERLOCUÇÃO

1. Envolvimento do aluno com seu texto

No capítulo anterior examinamos a COERÊNCIA narrativa de nossos dados e as conseqüentes relações de COESÃO; mais especificamente, a relação entre a estrutura da narrativa e o uso dos tempos verbais.

Passaremos agora a examinar o segundo aspecto da COERÊNCIA em textos narrativos – a COERÊNCIA ligada à interlocução –, assim como suas conseqüências no nível da COESÃO. Essa abordagem será feita através do que chamamos de *envolvimento* do aluno com o texto que produz, dado que esse envolvimento, da maneira como o entendemos, é determinado, principalmente, pela situação de comunicação em que o texto foi produzido. Procuramos verificar o grau desse envolvimento tentando perceber a situação de comunicação em que o aluno se inseriu no momento da produção do texto e constatando se isso implica ou não mudanças no texto. Para isso, estudamos como começam as narrativas e a maneira como o aluno se coloca em seu texto (como autor, como narrador, como personagem, etc.), procurando separar em grupos as redações que tivessem um mesmo conjunto de características e procurando correlações entre esses diversos aspectos.

1.1. Como começam as narrativas

Dividimos inicialmente os textos em dois grandes grupos – os que começam com RESUMO e os que começam com ORIENTAÇÃO, ou ESTADO INICIAL –, sendo que a maioria pertence ao segundo grupo, como os exemplos abaixo:

NARRATIVA 27

"Em uma pensão na cidade de Pirassununga vivia uma moça que se chamava Anita (...)"

NARRATIVA 50

"Em um sábado ensolarado quando voltava para casa da aula de laboratório (...)"

NARRATIVA 51

"Aos dezoito anos de idade, depois de ser dispensado do exército, eu precisava trabalhar, pois não podia ficar dependendo de meus pais (...)"

NARRATIVA 62

"Era o primeiro ano primário e eu teria uma aula de comunicação e expressão (...)"

NARRATIVA 65

"Era depois do jantar. Todos reunidos na sala. Meu pai, minha mãe, meus tios, meus primos, meu avô e minha avó. Todos estavam felizes. Crianças brincando, homens jogando cartas, vovô assistindo seu programa de informação e vovó ajeitando tudos os objetos que nós tirávamos do lugar.
Eu era pequena ainda. Perto de onde eu brincava com meus primos havia uma lareira. Como era inverno esta estava acesa e nela crepitavam as chamas e era um calor enorme que ela me transmitia (...)"

NARRATIVA 24

"Fim de férias, seis horas da manhã (...)"

As que não começam com ESTADO INICIAL ou ORIENTAÇÃO apresentam RESUMO, que, lembramos, "atua como um recurso para despertar o interesse do ouvinte para o discurso que vai se seguir. Para alcançar tal objetivo, contém freqüentemente orações que apontam para a razão de ser do relato, acentuando bem o ponto de interesse da narrativa"[1]. Em nossos dados, muitas vezes, o RESUMO marca ainda, de maneira clara, a relação de interlocução criada entre aluno e professor no momento da produção de textos pela tarefa que este propõe àquele. Exemplos:

NARRATIVA 2

"Vou tentar falar de um artigo de jornal que eu li há muitos anos."

NARRATIVA 73

"Fatos interessantes ocorrem sempre conosco. Um deles ocorreu comigo e meus pais, vocês podem até não entender. Foi o seguinte: uma vez (...)"

NARRATIVA 25

"Um fato que achei estranho, foi uma reportagem que li no jornal, que foi mais ou menos assim: um rapaz (...)"

NARRATIVA 44

"Francamente eu nunca senti tanto medo em toda minha vida, tudo por causa de um filme. Nas férias de julho (...)"

Observe-se que o RESUMO de 44 apresenta características distintas de 2, 73 e 25, que são mais um *sumário* mesmo da história que segue. O RESUMO de 44 caracteriza-se mais por tentar *despertar o interesse do leitor* do que por resumir a narrativa. (Vemos aí aparecer claramente as duas funções que o RESUMO pode ter: função referencial e função fática.)

1.2. Como o aluno se coloca em seu texto

Depois de estudarmos como começam as narrativas, completemos o quadro do envolvimento do aluno examinando a maneira como ele se coloca em seu texto.

Vimos que alguns alunos o iniciam por um RESUMO com tom de "justificativa da narrativa"; outros por ESTADO INICIAL ou ORIENTAÇÃO. Os que começam com essa "justificativa da narrativa" implicam-se em seu texto, colocam-se como sujeitos da enunciação. Na grande maioria das redações que analisamos, a narrativa é feita na 1ª pessoa – o aluno como PERSONAGEM e NARRADOR (67 textos). Nas outras, predomina a 3ª pessoa, ou seja, são narrativas de casos que têm como personagem uma 3ª pessoa. Esse grupo pode ser dividido em dois – as redações em que o aluno se manifesta como NARRADOR (7 textos) e aquelas em que não se manifesta (11 textos).

Entre os 67 textos em que o aluno se coloca como PERSONAGEM e NARRADOR, apenas 12 apresentam "justificativa da narrativa" (Narrativas 17, 21, 34, 44, 46, 66, 73, 74, 75, 79, 84, 85), enquanto, entre os textos em que o aluno é apenas NARRADOR (o personagem é uma 3ª pessoa), apenas um *não* apresenta "justificativa da narrativa" (Narrativa 1). Isto talvez porque, como dissemos, é mais comum falar de si mesmo no discurso cotidiano. Quando contamos a respeito de terceiros, avisamos que vamos contar.

Entre os textos em que o personagem é uma 3ª pessoa, sem manifestação de um EU NARRADOR, apenas um apresenta "justificativa da narrativa" (Narrativa 29; veremos adiante que esse texto não é uma narrativa bem-sucedida, embora comece como se fosse). Nesses textos, os alunos assumem a NARRAÇÃO, adotam uma ATITUDE DE NARRAÇÃO, ou seja, distanciam-se do texto, que fica sem as marcas do trio *eu-aqui-agora*.

Assim, temos os textos divididos conforme o envolvimento aluno/texto, ou melhor, conforme a manifestação desse envolvimento:

1) *redações em que não há referência à situação de enunciação* (seguindo a terminologia de Simonin-Grumbach, não há referência à Sit ε e sim à Sit E);

2) *redações em que há referência à situação de enunciação* (Sit ε);

3) redações em que o EU é só narrador (o personagem é uma 3ª pessoa);

4) redações em que o EU é personagem e narrador;

5) redações sem EU explícito mas com intervenções do narrador;

6) redações sem EU explícito.

A *manifestação do narrador* em nossos dados se dá principalmente de duas maneiras, a que chamamos INTERVENÇÃO DO NARRADOR e REFERÊNCIA À SITUAÇÃO DE ENUNCIAÇÃO:

INTERVENÇÃO DO NARRADOR

1. Em redações com EU narrador (o personagem é uma 3ª pessoa):

"A gurizada da rua, *não sei por qual razão*, começaram (...)" [1]

"Foi mais ou menos em 1970, *há algumas coisas que eu não lembro, porisso vou tentar falar por cima do assunto. Vou tentar falar de um artigo de jornal que eu li há muitos anos.*" [2]

"*Uma amiga contou-me um filme* que ela assistiu." [7]

"Um fato triste que aconteceu comigo foi quando a Ponte Preta perdeu o título (...) nessa ocasião, *eu tenho que admitir* que mesmo sendo torcedor da Ponte Preta, admito que naquela época (...)" [20]

"Um fato que *achei* estranho foi uma reportagem que *li* (...)" [25]

"Isto ocorreu há muitos anos com meu pai (...) na casa de minha vó (...) meu pai (...) minha vó (...) meu pai (...) meu pai (...) meu tio (...) *Conheço* muitos casos de espiritualismo e *acredito* que haja uma 2ª vida além dessa e que já fomos várias pessoas no passado." [33]

"*Narrarei* abaixo algo incomum (...)" [69]

2. Em redações com EU personagem e narrador:

"Estranho não muito, mas para se pensar um pouco, sim." [5]

"(...) ele não acreditava, *como eu também não acreditaria* (...) *mas esse fato marcou muito por ser engraçado e estranho.*" [10]

"(...) talvez só mesmo nós para rir com aquilo (...) Desculpem minha falta de imaginação mas não há nada engraçado ou triste cabível para eu terminar essa infeliz estória de 'amor'." [12]

"(...) Sei que os enfermeiros se molharam mas que foi engraçado foi." [13]

"Provavelmente essa foi a última vez que tento pregar um susto a alguém." [15]

"Por isso é que eu acho que todo mundo é igual hoje em dia." [16]

"Um conselho que eu deu as pessoas dona da casa onde é feito o velório é servir pinga em vez de café." [17]

"Uma coisa que sempre me assustou e ainda assusta é acidente automobilístico (...) É difícil reconhecer mas (...)" [21]

"(...) Estranho, não?" [30]

"Nada mais engraçado (ou triste), dependendo do ponto de vista, como um lustre caindo na cabeça de sua amiga. Foi tudo bem rápido. Será?" [34]

"Foi tudo muito estranho." [41]

"Francamente eu nunca senti tanto medo em toda minha vida, tudo por causa de um filme." [44]

"Um certo dia não me lembro bem dia ou ano, mas sei que era mês de junho (...)" [45]

"Nesta narrativa vou contar um acontecimento, que para mim foi bastante engraçado, por pensar que muitas pessoas não sabem e têm medo de aprenderem (...)
Não é um fato que pode-se dizer que seja pitoresco. Mas acho eu que seja engraçado, porque o rapaz que me jogou dentro d'água não estava ciente que eu sabia nadar ou não. Por esse motivo eu acho um acontecimento engraçado. Por que muitas pessoas tentam aprender e não conseguem e o que ocorreu comigo foi um fato de chamar atenção de qualquer um." [46]

"Esta sena foi um verdadeiro festival de risadas mesmo quando deveria estar nervoso por passar aquele ridículo." [50]

"(...) Ah! Que saída." [52]

"O fato aconteceu em 1979, quando (...)" [53]

"Não é bom rir das desgraças alheias, mas que foi engraçado, foi." [55]

"(...) Esse fato na minha molequice foi realmente pitoresco." [56]

"(...) (desculpe a minha falha)." [57]

"(...) Para mim esta foi uma experiência primeira que passei, ao qual me deixou com esperanças e vontade de continuar a compor.
Me valeu, pois a partir daí tive contatos (...)" [61]

"(...) Infelizmente não me recordo do nome da professora, provavelmente 'Dona' alguma coisa mas era a 'tia'." [62]

"Narrar um fato pitoresco é narrar algo singular que ficou marcado pela comicidade da situação na época.
Lembro-me de meu primeiro dia no colégio, a dois anos. Todas as pessoas, lugares, que até hoje me são familiares me eram estranhos naquele dia. Esse dia foi algo de inusitado, completamente diferente do primeiro colegial que eu já havia cursado em outro colégio.
(...) Esse dia, esse fato, foi, realmente, um fato pitoresco."
[66]

"Lembro-me de uma tardezinha de outono, quando o sol já estava fraquinho, e de alguns minutos que me encontrava muito feliz (...) Não me lembro exatamente como era (...)"
[67]

"(...) Mas como sempre acontece (...) Há um ano atrás eu creio (...)" [68]

"(...) Pode-se dizer que a partir daquele momento tomei consciência de que o tempo realmente nos é roubado sem nossa menor percepção (...) e aquele senhor cujo nem o nome eu sei (...) Acredito que agora ele já tenha encontrado novas crianças (...)" [70]

"(...) Na realidade não poderíamos ter tido melhor idéia que aquela de ontem à noite – pensei comigo." [71]

"(...) O fato se deu no bairro onde eu moro (...) Mas aí aconteceu o mais engraçado (...)" [72]

"Fatos interessantes ocorrem sempre conosco. Um deles, que ocorreu comigo e meus pais, vocês podem até não entender. Foi o seguinte (...) Agora é que vem a parte mais curiosa: Vocês pode achar que foi por coincidência, talvez até tenha sido, mas uma pessoa da mesma religião que a minha, analisaria diferente: pode ser que tenha sido algo feito pelos Espíritos. Por que não? Eu creio nisso.
Houve outro fato nesses mesmos termos, só que desta vez ocorreu com minha mãe (...) Tudo bem. Até aí, nada de

anormal (...) E agora? como pode ser explicado este acontecimento? Como é que alguém pode ler algo que não está escrito e ainda obter o resultado positivo?
É, como disse, para mim foi obra Divina.
Vocês analizem como quiserem ou puderem." [73]

"Fato pitoresco, tem acontecido constantemente no meu curso de tecnologia de alimentos. Acontece coisas, que dificilmente se vê ou se ouve falar.
(...) Se contasse, ninguém ia acreditar, o que aconteceu no Laboratório de Microbiologia (...) O melhor de tudo mesmo foi (...) Tempos iguais a este dificilmente se verá. Foi um bom tempo (...)" [74]

"Como se diz na gíria, posso dizer, fiquei (...)" [77]

"(...) falar a verdade eu acho que foi o garoto (que ela estava conversando) que sentiu minha falta, porque se eu fosse esperar por ela, coitada de mim." [78]

"Um fato curioso foi o modo pelo qual conheci meu atual namorado. Aconteceu no colégio em que estudava (...) Num mundo em que quase não existe mais comunicação um mero poema una duas pessoas e quem sabe, talvez duas vidas." [79]

"Eu costumo viajar muito, e numa dessas viagens aconteceu um fato trágico." [80]

"(...) *Bem*, tomamos o sorvete (...) Bem, 'Graças a Deus' nos saímos bem nesta, mas heis que surge um outro pequeno probleminha (...) Nem sei como o encontramos lá, é muito raro, ele sai muito. Mas enfim conseguimos.
Foi sufocante. Acho que nunca mais vou me esquecer dessa lição que tive a quase quatro anos atrás." [81]

"Aconteceu em uma época em que eu andava muito preocupada com a vida (...)" [83]

"O fato que vou contar é um fato trágico (...) O fato ocorreu tão rapidamente que é difícil lembrar com exatidão." [84]

3. Em redações sem EU explícito:

"(...) e é justamente aí que surge o mais engraçado e estranho de toda a estória (...)" [24]

"(...) *Por incrível que pareça*, a mulher conseguiu (...)" [31]

REFERÊNCIA À SITUAÇÃO DE ENUNCIAÇÃO

1. Em redações com EU personagem e narrador:

"(...) e *hoje* sou casada com ele." [4]

"*Na última féria* (de julho) fui (...)" [6]

"(...) ela me disse que muitos fatos deste tipo já haviam acontecido, mas que ninguém *até hoje* havia conseguido decifrar estes mistérios." [41]

"Estive em uma fazenda *no último fim de semana*." [42]

"(...) Felizmente fui medicado a tempo e *agora* quando me lembro do medo que fiquei de morrer devido a picada do escorpião, só consigo achar o fato engraçado." [48]

"(...) não me recordo o nome dessa pessoa pois *faz muito tempo*." [51]

"(...) Eu propriamente, não pois eu, *desculpe a expressão*, cheguei a agachar de tanto rir." [55]

"(...) (desculpe a minha falha)." [57]

"(...) *Até hoje* não pude esquecer isso." [58]

"(...) Para finalizar, *já que o professor pede para entregarmos a redação*, fiquei satisfeito (...)" [61]

"(...) Bem, *até hoje* não fiquei sabendo (...)" [64]

"(...) Lembro-me de um primeiro dia no colégio *a dois anos*. Todas as pessoas, lugares que hoje me são familiares (...)" [66]

"(...) Há um ano atrás (...) *Até hoje*, quando eu vejo aquela flor (...)"[68]

"(...) Tudo ficou muito claro quando percebi que aquele mesmo senhor que *agora* acompanha meu caminho (...) *Agora* eu já não brinco mais nas rua (...) me acompanhou e me acompanha *até hoje*. Esse mesmo homem que devido a idade *hoje* já anda mais lentamente." [70]

"(...) não poderíamos ter tido melhor idéia que aquela de *ontem à noite*." [71]

"(...) vocês podem até não entender (...) Vocês podem achar que foi pura coincidência (...) Vocês analizem como quiserem ou puderem." [73]

"(...) outro dia, ou melhor, *no ano passado* (...) vocês não acham?" [74]

"(...) A semana passada eu tive um sonho..." [76]

"(...) se não eu não estaria aqui agora." [78]

"(...) Acho que nunca mais vou me esquecer dessa lição que tive *a quase quatro anos atrás*." [81]

2. Em redações sem EU explícito:

"Em Março do ano passado (...)" [19]

"(...) Entretanto a umas duas semanas pra cá (...) Atualmente restabelecida a paz (...)" [27]

"Há cerca de sete anos atrás (...)" [63]

Percebemos aí as várias situações de interlocução supostas pelos alunos no momento da produção de seus textos. Da confusão entre os vários papéis de quem escreve decorre muitas vezes uma confusão estilística que chega a atrapalhar o andamento da narrativa.

Pensando em uma maneira de esclarecer os alunos quanto a esse envolvimento com o texto e suas conseqüências formais, encontramos a distinção feita por André Petitjean entre AUTOR, SCRIPTOR e NARRADOR. Segundo ele, o AUTOR "é uma pessoa física, moral e social cuja experiência de vida em toda sua complexidade constitui um reservatório de experiências diversas e de conhecimentos numerosos. Quando essa pessoa tem por profissão escrever, falamos de um ESCRITOR..."[2]. O SCRIPTOR é "o agente que elabora um texto, uma ficção, quer dizer, o enunciador, o produtor de um texto. Sempre inscrito numa referência histórica, o SCRIPTOR é determinado extratextualmente (experiências do autor, suas leituras, seus conhecimentos, suas crenças (...) que constituem um reservatório no qual o agente da escrita opera escolhas) e, inversamente, elabora textualmente essas experiências"[3]. O NARRADOR, "inscrito sempre numa referência textual, é essa 'voz de papel' que conta a estória, seja ela figurada por uma personagem específica (o narrador) ou tomada, às vezes, pelas personagens de ficção. Quando não podemos atribuir à instância narrativa qualquer figuração, o NARRADOR é assimilável ao SCRIPTOR"[4]. "Dizemos então que, num texto, o NARRADOR é essa instância textual (figurada ou não por um autor específico) que conta a estória, isto é, coloca o mundo no lugar, ordena os acontecimentos, podendo sempre, mais ou menos, comentar e avaliar o que acontece."[5] Para ficar mais claro pedagogicamente, Petitjean acrescenta a seguinte distinção:

AUTOR – pessoa que vive
SCRIPTOR – pessoa que escreve
NARRADOR – pessoa que conta
PERSONAGEM – ser de papel que tem um papel na estória. (Essa homonímia não ocorre em francês, em que os vocábulos usados – *papier* e *rôle* – são bem distintos.)

Como vimos, a COERÊNCIA de um texto depende de maneira fundamental da inserção desse texto numa situação de interlocução. Ora, constatamos que os problemas que ocorrem no nível do estabelecimento da COERÊNCIA nos textos que analisamos relacionam-se diretamente com a necessidade de definição de uma *situação de interlocução*. Além de ter uma posição clara diante do texto, ou seja, além de se definir como AUTOR, SCRIPTOR, NARRADOR ou PERSONAGEM, e de saber como tomar uma ou outra dessas vozes ao longo do texto, o aluno também deve ter bem definido seu interlocutor, dado que a explicitação da COERÊNCIA é maior ou menor em função desse interlocutor.

2. Conseqüências no nível da coesão: interferências de recursos orais no texto escrito

Examinaremos agora um conjunto de fenômenos recorrentes nas narrativas que analisamos. Tais fenômenos parecem afetar a COESÃO e podem ser encarados, em parte, como decorrentes dos problemas que ocorrem no nível da inserção do texto numa determinada situação de comunicação; mais especificamente, como decorrentes da não-definição das condições de produção do texto escolar. Trata-se do emprego de frases demasiado longas, entrecortadas, com rupturas de construção e abuso de repetições.

À primeira vista pode-se pensar que esses fenômenos não passam de uma incapacidade generalizada para o uso da língua-padrão. Entretanto, podemos dizer que se trata de uma questão de *manejo da escrita*. A manipulação da escrita é que é precária, e esse fenômeno é confundido muitas vezes com o uso de linguagem não-padrão ou com questões de formalidade ou informalidade de linguagem.

Assim, os fenômenos que apontamos podem ser analisados como decorrentes de uma interferência no texto escrito de recursos da oralidade, devido a uma falta de familiaridade com a escrita por parte do aluno e à própria falsidade da situação escolar de escrita, que começa pela não-definição de interlocutores.

Gostaríamos aqui de chamar a atenção para o fato de que a distinção entre as modalidades de língua escrita e oral não é de maneira alguma idêntica à distinção COMENTÁRIO/NARRAÇÃO e tampouco se confunde com a distinção DISCURSO/HISTÓRIA. Existem textos orais do tipo HISTÓRIA e narrativas orais de contos, por exemplo. A diferença fundamental entre as modalidades de língua oral e escrita é que, na oral, a situação de enunciação é dada ao mesmo tempo que o texto – conhecemos a identidade do locutor e a do ouvinte, conhecemos o tempo e o lugar da enunciação e também os objetos aos quais o texto poderá se referir. Já na escrita, apenas o texto é apresentado ao leitor; a situação de enunciação não é manifestada para o leitor[6]. Daí a importância de o aluno estar bem situado quando tem por tarefa escrever um texto. Em que situação de comunicação se encontra? De que maneira está envolvido com seu texto? Em outras palavras, é necessário estarem determinadas as imagens de ambos os interlocutores, definindo-se assim melhor a própria situação de interlocução.

Recapitulando, certos problemas de COESÃO e a impressão de pobreza que alguns textos apresentam podem ser analisados como decorrentes de uma interferência da língua oral no texto escrito, uma vez que a língua oral oferece uma possibilidade bem maior de frases incompletas, frases sem verbos e repetições, por exemplo, que são complementadas por recursos que a língua escrita não oferece, como entonação, mímica e gestos.

Cabe também aqui citar Ilari, que em seu texto "Algumas opções do professor de português no segundo grau", tratando da questão de que, "freqüentemente, as perplexidades do professor tomam a forma de altenartivas sobre o que ensinar", por exemplo, língua escrita ou língua falada (entre outras coisas, como língua ou literatura, gramática ou prática da expressão, etc.), lembra que, na realidade, o aluno não domina completamente a língua falada ao ingressar no segundo grau[7]. Em outras palavras, o problema de se ensinar a língua escrita é muito mais complicado do que simplesmente passar para os alunos técnicas que lhes permitam registrar por escrito as mesmas produções verbais de que se mostram capazes ao falar[8].

Cabe, sem dúvida, à escola o ensino da variedade culta e da expressão escrita da língua (na medida do possível, sem detrimento da variante originalmente dominada pelo aluno, sem colocá-la como marginal ou inferior). Como diz o professor Ilari, "sabemos que o domínio da variante culta e da expressão escrita é um requisito para a ascensão social; abrindo mão de ensinar a variante culta, a escola estaria contribuindo para perpetuar as enormes diferenças sociais que se observam em nosso país – diferenças cuja superação tem sido apontada pelos nossos educadores como o principal desafio para o nosso sistema educacional"[9].

Dentro desse quadro, vemos a necessidade de se colocar a distinção língua oral X língua escrita na escola também no nível do texto. Há que se distinguir texto oral e texto escrito e suas peculiaridades quanto à COESÃO e COERÊNCIA, pois o que pudemos perceber é que para o texto escrito os alunos sentem a necessidade de uma gramática mais complexa e, por outro lado, não conseguem relacionar norma culta com texto oral.

2.1. Alternância comentário/narração – discurso direto do narrador e outros personagens

Passemos, então, agora, ao exame propriamente dito dos problemas decorrentes do emprego de recursos da oralidade nas narrativas que analisamos, começando pela questão da interrupção freqüente dos enunciados por intervenções súbitas do narrador e de outros personagens. Essas intervenções têm, geralmente, um tom de AVALIAÇÃO. Trata-se aqui da alternância COMENTÁRIO/NARRAÇÃO, que não se dá da mesma maneira no discurso oral e no discurso escrito. Numa narrativa oral, freqüentemente reproduzimos nossa fala ou a fala de outro personagem, sem nenhum aviso (às vezes imitamos sua voz ou seu modo de falar) e, permeando os fatos, emitimos nossa própria opinião sobre eles. Nas narrativas que analisamos, COMENTÁRIO e NARRAÇÃO alternam-se a todo instante, como pudemos verificar na primeira parte deste trabalho, através da MATRIZ DE TRANSIÇÕES VERBAIS, de Weinrich. Transcrevemos abaixo outros exemplos (sublinhando o COMENTÁRIO):

NARRATIVA 34

"*Nada mais engraçado (ou triste) dependendo do ponto de vista*, como um lustre caindo na cabeça de sua amiga.
Foi tudo bem rápido. *Será?*
Estávamos conversando, (...) sem pensar, *é claro*, o que a esperava.
(...) Ela estava feliz, *afinal não é sempre que se tem um dia divertido e feliz.*
(...) *Por aí você vê que tudo que é bom dura pouco.*"

NARRATIVA 36

"(...) Estava irritada e indignada: *onde já se viu ser acusada de roubo.*"

NARRATIVA 43

"(...) Mandei fazer um vestido branco, *realmente era maravilhoso*, paguei por ele o que talvez minha mãe não pudesse pagar."

NARRATIVA 61

"(...) *Para finalizar, já que o professor pede para entregarmos a redação* (...)"

Voltando ao problema – e suas conseqüências – de não ser definida a situação de comunicação no momento do trabalho escolar escrito, temos, na Narrativa 34, um exemplo típico do EU protagonista da narração confundido com o EU narrador, enunciador da narração. Note-se também a referência clara a um interlocutor em "por aí *você* vê (...)". Na Narrativa 61 temos a situação de produção de textos na escola explicitada de maneira curiosa.

Para ilustrar essa não-definição, transcrevemos abaixo um trecho em que o aluno se expressa, sem dúvida, como se estivesse falando:

NARRATIVA 45

"(...) foi então que um disse que tal nós assarmos uma galinha, outro respondeu uma boa idéia mas onde vamos encontrar uma galinha, virou outro e disse na minha casa tem mas ninguém vai pegar, depois de muita discussão ele disse então vai mas apanha uma preta que dorme no chão perto da cozinha."

Como vimos, os alunos, não tendo um domínio pluralizado das alternativas que a língua oferece, desconhecem certos elementos que fazem parte, que caracterizam mesmo a modalidade escrita da língua. Devido à falta de familiaridade com essa modalidade, sua manipulação é precária. E, neste caso, diante da tarefa de escrever, os alunos fazem o que podem; daí a interferência de recursos de língua oral, que lhes é bem mais familiar. A alternância COMENTÁRIO/NARRAÇÃO, que estamos examinando aqui, é uma maneira de estabelecer a COESÃO de um texto oral; entretanto, no texto escrito, pode funcionar como elemento negativo no estabelecimento da COESÃO.

2.2. Repetições

Outro elemento que concorre fortemente para a COESÃO de um texto oral é a presença maciça de repetições, em vez do uso de anafóricos e outros recursos. Em nossos dados, textos escritos, encontramos freqüentemente esse fenômeno.

A repetição tem sua função tanto no texto oral como no escrito, não há dúvida. Não se repete por repetir[10]. Segundo I. Bellert, a repetição constitui uma condição necessária, embora evidentemente não suficiente, para que uma seqüência seja coerente[11]. Segundo Fillol e Mouchon, o fenômeno da recorrência seria um signo característico da importância de um elemento dentro da estrutura da produção[12].

Charolles afirma que, para assegurar essas repetições necessárias, "a língua dispõe de recursos numerosos e variados: pronominalizações, definitizações, referências contextuais, substituições lexicais, recuperações de pressupostos, retomadas de inferências (...)"[13]. Os autores dos textos que analisamos parecem ignorar esses recursos (com exceção das definitizações): lançam mão da simples repetição de palavras e idéias, que chega, às vezes, a exceder o necessário para possibilitar a progressão temática[14], e caem numa redundância comum e até mesmo necessária no discurso oral, devido à sua linearidade e à necessidade de não carregar demais a memória do interlocutor:

NARRATIVA 2

"Foi mais ou menos em 1970, *em algum país latino* (...) como eu já falei foi *em algum país latino-americano* aonde uma *família* viajava a noite (...) No outro dia a *família* foi encontrada (...) A polícia perguntou ao chefe da *família* (...) Quando ele saiu do *carro* viu as marcas dos dois lados do *carro* como se alguma coisa tinha pegado o *carro*."

Constatamos em nossos dados os seguintes tipos de repetições:

1) repetições justificadas (para acréscimo de informações);

2) repetições em vez do emprego de outros recursos anafóricos;

3) redundância excessiva em vez da utilização de outros recursos expressivos (como ênfase ou explicação).

Exemplos:

1. Repetições justificadas:

NARRATIVA 1

"Faz pouco tempo *um casal jovem* passou perto de casa, *um casal jovem* mas completamente bêbados."

2. Não-emprego de outros recursos anafóricos:

NARRATIVA 7

"(...) os outros ficaram em *silêncio* e a professora aproveitando a ocasião do *silêncio* (...)"

NARRATIVA 45

"(...) Fomos nos apanhamos a *galinha* quando chegamos na rua que a *galinha* viu a claridade vuou ganhou a rua (...)"

NARRATIVA 46

"(...) quando estava em pé na beira da *represa* me pegou pela barriga e jogou-me dentro da *represa*, para a alegria e surpresa minha comecei a bater com os pés e mãos e consegui chegar ao lugar do outro lado da *represa*."

NARRATIVA 48

"(...) enquanto ele assentava *tijolos* eu fazia massa e carregava *tijolos*. Os *tijolos* estavam amontoados no mesmo local à muito tempo e por este motivo havia surgido muitos escorpiões por debaixo das pilhas de *tijolos*.

> Devido ao corre-corre de fazer massa e carregar *tijolos* eu acabei distraindo e fui picado por um escorpião, no momento eu esqueci até que estava segurando os *tijolos* (...)
> (...) e fui para o *ponto de ônibus*. Enquanto eu estava no *ponto de ônibus* (...)"

NARRATIVA 15

> "Certo dia convidei um amigo meu para vir ao *clube* comigo. Ao chegar ao *clube* jogamos futebol, baskete até que resolvemos ir à *piscina*. Quando chegamos a *piscina* (...)"

NARRATIVA 28

> "(...) ele tirou a cadeira onde *ela* estava sentada, sem perceber que a cadeira havia sido retirada, *ela* sentou mas não onde *ela* pensava que ia sentar, quando de repente *ela* soltou um grito, *ela* tinha caido com tudo no chão."

NARRATIVA 3

> "(...) Pegamos o cãozinho e o levamos em um *veterinário*. O *veterinário* disse que podia tentar salvá-lo, mas não garantiu nada, pois depois de vinte dias voltamos ao *veterinário* e o pequeno cãozinho encontrava-se melhor que nós havíamos deixado lá."

NARRATIVA 7

> "Uma amiga contou-me um *filme* que ela assistiu, o *filme* era em japonês, no *filme* havia uma classe de estudantes (...)"

3. Redundância excessiva em vez da utilização de outros recursos expressivos:

NARRATIVA 13

> "Era um dia de chuva e eu e minha família estava saindo da casa de meus tios.

No caminho de volta, nós estavamos de carro e meu pai estava na direção. De repente em um ponto de ônibus nós avistamos de longe um casal de enfermeiros de baixo de um guarda-chuva, e perto da beira da calçada uma poça d'água, próximo aos enfermeiros e do lado do ponto de ônibus."

NARRATIVA 20

"Mas desta vez ninguém vendeu o jogo, nesta ocasião, eu tenho que admitir que mesmo sendo torcedor da Ponte Preta, admito que naquela época o time não estava em seu 100% (...)"

NARRATIVA 1

"A gurizada da rua, não sei por qual razão começaram a judiar dos dois. Estas crianças já começaram com espírito de malvadeza sem pena de ninguém sem vergonha alguma começaram a falar palavrões (...)"

NARRATIVA 26

"Durante o dia o tempo estava formando chuva, mas o dia inteiro ficou assim, sem sair sol."

NARRATIVA 27

"Em uma pensão na cidade de Pirassununga vivia uma moça que se chamava Anita. Naquela pensão essa moça era mal vista pelo dono do imóvel.
Anita saia muito, chegava muito tarde por isso D. Rosa proprietária da pensão achava Anita uma vagabunda."

NARRATIVA 49

"(...) fui convidado por uma colega de serviço, para ir a sua residência, o qual iria dar uma comemoração de sua vitória (...)

Essa comemoração iria se realizar no sábado após às 20.00 hs. em sua residência (...)"

NARRATIVA 53

"(...) os soldados do NPOR, quase nunca desfilavam (...) No exército começava os ensaios para o grande dia do desfile, mas nós soldados do NPOR, estávamos dispensados."

NARRATIVA 58

"(...) Era uma pessoa muito legal, havia conhecido-a numa festa de aniversário de uma outra amiga minha, e ela também estava presente, pois era amiga da aniversariante."

NARRATIVA 75

"Um fato pitoresco que aconteceu não só comigo, mas com todas as pessoas que frequentemente cercam-me: é a vida. Um fato pitoresco é a 'nossa vida'."

Esse terceiro tipo de repetições merece uma pequena reflexão, dado que é um pouco diferente dos dois anteriores. Sabemos que o discurso oral pode ser marcado pela repetição de idéias que, muitas vezes, faz com que o texto avance mais lentamente, o que não lhe traz problemas. Pode-se observar que as pessoas, de um modo geral, no discurso oral, retomam a todo instante, com outras palavras, o que acabaram de dizer. Esse procedimento é, inclusive, muitas vezes necessário para o estabelecimento da COESÃO num texto oral. Já no texto escrito, esse recurso não funciona. Como pudemos notar, as repetições de idéias nos exemplos transcritos acima parecem impedir o desenvolvimento proposicional dos trechos em que ocorrem. (Segundo Widdowson, "um discurso possui COESÃO na medida em que permite um desenvolvimento proposicional eficaz", e "as frases possuem uma forma apropriada na medida em que permitem esse desenvolvimento"[15].) O que acontece, mais uma vez verificamos, é que, devido à falta de explicitação do que seja um texto escrito, o aluno é levado a usar a competência oral, adquirida fora da escola – escreve como se estivesse falando.

TERCEIRA PARTE

CAPÍTULO 5

LIVROS DIDÁTICOS

Não podemos deixar de acrescentar, no final deste trabalho, algumas palavras sobre como a narrativa tem sido tratada nos livros didáticos usados atualmente no 2º grau, visto que professores e alunos "acreditam" muito no que estes dizem[1].

Em linhas gerais, é a seguinte a estrutura da narrativa que os livros didáticos apresentam:

$$\begin{cases} \text{equilíbrio inicial} \\ \text{desequilíbrio} \\ \text{equilíbrio final}^2 \end{cases}$$

ou

$$\begin{cases} \text{apresentação} \\ \text{complicação} \\ \text{clímax} \\ \text{desenlace}^3 \end{cases}$$

Quer dizer, a estrutura narrativa apresentada nos livros didáticos condiz com os modelos de COERÊNCIA narrativa que estudamos. Entretanto, essa estrutura é mencionada apenas de passagem, não sendo utilizada em nenhum exercício posterior, como se não fosse de muita importância para o trabalho dos alunos. Além disso, mecanismos de COESÃO são raramente mencionados. Quase nenhum dos autores estudados menciona tempos verbais e sua importância na produção da narrativa. Ou seja, apesar de apresentarem uma teoria razoável no nível da COERÊNCIA, não mencionam os recursos que a língua oferece para se obter certos efeitos no texto narrativo e mesmo para constituí-lo. Pelos livros, o aluno nunca ficará sabendo o que caracteriza, lingüisticamente, o ESTADO INICIAL, por exemplo; também não saberá como marcar os diferentes momentos do texto através da língua.

As definições apresentadas são, muitas vezes, vagas:

> "Todo texto que apresentar como componentes personagens vivendo uma estória, num determinado local e num determinado tempo, será chamado narrativo (...)"[4]

Desta maneira, ao termo *narrativa* abrangeria uma infinidade de textos...

Vimos, ao longo deste trabalho, o papel da inserção do aluno numa situação real de comunicação para o sucesso da produção de textos. Não há nos livros didáticos, em geral, nenhuma referência explícita a esse aspecto. Esse nível de estabelecimento da COERÊNCIA aparece muito sutilmente em meio a alguns recursos estilísticos apresentados:

> "Os elementos do parágrafo narrativo, *dependendo da intenção do narrador*, podem ser destacados (...) mediante certos recursos enfáticos (...)"[5] (grifos nossos)

"Você poderá alterar a ordem dos fatos, *dependendo do grau de interesse e expectativa que pretende causar no leitor* (...)"[6] (grifos nossos)

A narrativa é sempre colocada em termos do plano da HISTÓRIA, em que o autor fica à distância dos acontecimentos narrados. Aí verifica-se uma contradição: ensina-se aos alunos uma atitude de locução de NARRAÇÃO mas o que se pede geralmente como exercício são narrativas de acontecimentos "em suas vidas", como observamos em nossos dados, provindos de escolas diferentes.

Quanto à questão da identificação do narrador, a tendência dos livros didáticos é, em geral, apresentar a possibilidade de existência de um NARRADOR em 1ª ou em 3ª pessoas, diferente de um AUTOR.

São os seguintes os dados que se podem depreender dos livros didáticos, no tocante a este assunto:

NARRADOR 1ª PESSOA: identificação entre o narrador e o personagem que aparece no texto; alguém que participa diretamente dos fatos e os vive.

NARRADOR 3ª PESSOA: onisciente; alguém que nos conta um fato estando a uma certa distância do mesmo fato; observador.

AUTOR: quem escreve o texto.

Há um certo destaque, nos livros, para a questão NARRADOR – 1ª PESSOA X NARRADOR – 3ª PESSOA e há, também, uma confusão: falam de AUTOR e NARRADOR, às vezes de um, às vezes de outro, sem distingui-los. Nenhum dos autores estudados aproxima-se da distinção de Petitjean que mencionamos: AUTOR, NARRADOR, SCRIPTOR e PERSONAGEM.

Com uma certa freqüência encontramos uma confusão entre NARRAÇÃO e NARRATIVA nos livros que analisamos, sendo que a distinção feita não é a mesma estabelecida neste trabalho. Escolhemos como amostra desta confusão um caso em que, ao definir *narração*, o autor passa a falar repentinamente em *texto narrativo*, dando um exemplo que, de acordo com a própria estrutura narrativa anteriormente apresentada pelo mesmo livro, não deveria receber essa denominação:

> "Um escritor elabora uma narração quando conta uma história que contém fatos, acontecimentos, e, portanto, personagens AGINDO dentro dela. Predomina a narração em um texto quando os verbos que nele aparecem, na sua grande maioria, *expressam movimento, ação* (...). Freqüentemente ocorrem os três tipos: descrição, narração, dissertação, em um só texto. Na verdade, o elemento que nos permite determinar se o texto é narrativo, descritivo ou dissertativo é a predominância de um deles. Portanto, um texto que possui uma estrutura narrativa poderá trazer a narração, a descrição e a dissertação. Veja um exemplo:
>
> O MILAGRE DAS CHUVAS NO NORDESTE
>
> Uma manhã lá no Cajapió (Joca lembrava-se como se fora na véspera), acordara depois duma grande tormenta no fim do verão. A madrugada estava orvalhada, mas serena, e ele se erguera da sua rede para ver o tempo. Um grande tapete de verdura fresca e úmida parecia ter descido do céu e coberto como um manto misterioso o campo... Os olhos perdiam-se na campina alegre; o gado festejava ao rebentar da vida na terra e comia a erva tenra; um bando de marrecas passava grasnando, pousava aqui, levantava o vôo acolá, buscava mais longe a região dos eternos lagos... Dias inteiros de chuvas; o pasto agora era farto, a água porfiava em vencê-lo, e quando mais tarde o dilúvio se interrompia, viam-se na vasta savana verde pontos claros que eram o refrigério dos olhos. Eram os primeiros lagos. Em volta deles

uma multidão de aves aquáticas brincavam descuidosas e ostentavam as penas de cores vivas e quentes. Vinham pássaros de toda a parte: pernaltas com o seu bico de colher, marrecas em algazarra, jaçanãs leves e tímidas; e à tarde, quando o céu se vestia de nuvens cinzentas, notava-se desfilar, ora o bando marcial e rubro dos guarás, ora a ala virgínia e branca das garças... No fundo dos lagos multidão de peixes borbulhavam por encanto. E em tudo o mesmo milagre de ressurreição, de rejuvenescimento, de expansão e de vida.
(Aranha, Graça: *Canaã, apud Flor do Lácio* de Cleófano de Oliveira, São Paulo, Saraiva, 1964, p. 141.)"[7]

Esse texto, apesar de ter um tom narrativo, que lhe vem da recorrência de certos tempos verbais (a atitude de locução de quem o escreveu era de NARRAÇÃO), não possui uma estrutura narrativa, não é uma narrativa, na realidade. Trata-se de um "pano de fundo" que vai servir de contexto a uma narrativa. É, digamos, o ESTADO INICIAL. Em nossos dados há textos que supomos ser fruto dessa confusão NARRAÇÃO X NARRATIVA. Empregando os tempos da NARRAÇÃO o aluno tem talvez a "ilusão" da narrativa mas não consegue manter o fio da estrutura narrativa. (Outro dado verificado: a maior parte desses textos, a que chamamos "textos hesitantes", aparece quando o título dado ao texto é "Um fato pitoresco". Como vimos, parece que o uso de ACONTECIMENTO incita mais à narrativa do que FATO, mais pontual.)

NARRATIVA 83 – Redação: Um fato pitoresco

"Aconteceu em uma época em que eu andava muito preocupada com a vida.
Quando pensei que as coisas estavam chegando aos seus devidos lugares, me aconteceu uma coisa extraordinária. Conheci um rapaz pelo qual meu coração bateu bem mais forte e a partir daí houve uma reviravolta na minha vida.
Comecei a achar um novo sentido na vida, a ver as flores

e os pássaros com mais ternura e como que num passe de mágica eu estava apaixonada, apaixonada por alguém que acabava de conhecer.

Foi um fato que marcou tremendamente minha vida e que me fez sentir a importância do amor em nossa vida."

(Ver também Narrativas 74, 75 e 29, anexadas.)

Gostaríamos de mencionar o *único* livro didático brasileiro que encontramos que trata a narrativa claramente como um processo evolutivo – *Caminhos da Linguagem*:

> "(...) ao dizer que o autor *relata um fato, conta uma estória, fala de um acontecimento*, estamos querendo dizer que o autor constrói, através do discurso, uma realidade evolutiva, isto é: existe alguma coisa que se altera no transcorrer do próprio discurso (...) Em outros termos, relatar um fato, contar uma estória, falar de um acontecimento, significa, assim, construir pelo discurso uma realidade que se altera, que se transforma, e que, por isso mesmo, é passageira. Essa realidade pode se ligar a alguma coisa que se *passa externamente* ao autor, ou pode ser inventada, sem nunca ter acontecido (...)"[8]

Além disso, é também o único livro, dos que analisamos, que trata de, como dizem os próprios autores, "como é possível, através da linguagem, criar uma realidade dinâmica, isto é, como é possível falar ou escrever segundo a ordem dos acontecimentos", enfocando principalmente o uso dos tempos verbais:

> "(...) a progressão temporal que se estabelece entre os enunciados constitui a maneira mais coerente pela qual uma língua possibilita uma narração (...)[9] (...) há uma classe de palavras sobre as quais se assenta tanto o encadeamento de ações quanto a relação de conseqüência e a dependência temporal: é a classe dos *verbos* (...) Esta classe constitui o suporte do discurso narrativo (...)"[10]

Assim, dado um texto, os autores pedem aos alunos que observem os verbos e tentem responder a perguntas tais como:
1) Em que tempo verbal se acham os três verbos?
2) De acordo com o que você aprendeu sobre os verbos, qual a diferença entre esses tempos?
3) Daqueles verbos, qual deles assinala o início da narrativa propriamente dita, isto é, o início dos acontecimentos?[11]

Em outras palavras, levam os alunos a raciocinar sobre os recursos lingüísticos que possibilitam a narração.

Nesta mesma linha, encontramos dois trabalhos no ensino de francês (como língua materna) que nos pareceram especialmente interessantes. Um deles é o volume para classes de *troisième*, equivalente no Brasil à 8.ª série, da coleção "De la phrase au texte" de B. Combettes, R. Tomassone e J. Fresson, acompanhado do guia pedagógico. Todo o trabalho é baseado em textos, sendo que os autores partem do princípio de que cada texto é representante concreto de um "tipo" de texto. A partir dos textos chegam aos fenômenos lingüísticos. Tentando retirar e classificar as características lingüísticas de cada um dos textos estudados, chegam a quatro grandes tipos: textos narrativos, descritivos, de exposição e argumentativos.

No decorrer do curso, além desses grandes tipos de textos, aparecem outras distinções importantes como "texto escrito X texto oral" e "texto de ficção X não-ficção". O estudo da narrativa (que nos interessa mais de perto) começa logo no primeiro capítulo, que trata da diferença entre textos descritivos (que remetem a uma realidade que se situa no espaço) e textos narrativos (que remetem a uma realidade que se situa no tempo). Todo o trabalho é feito através da observação de textos, levando os alunos à constatação de que o emissor tem à sua disposição um material gramatical e um vocabulário que vai utilizar em função do tipo de texto que escreve. Em outras palavras, os exercícios, sempre baseados em textos, são elaborados de tal modo que os alunos percebam que textos narrativos e textos descritivos não são redigidos da mesma maneira; o emprego de certas formas, de certas palavras, indica se se trata de um ou de outro tipo de texto. Esses exercícios enfocam principalmente advérbios e tempos verbais.

Os capítulos que se dedicam à leitura e redação de textos narrativos ("lire/découvrir/construire un récit") têm intenções claras: fazer com que os alunos produzam e reproduzam narrativas, conscientizando-se de sua competência. Para isso, os exercícios são elaborados de tal maneira que os alunos possam perceber que já são produtores de narrativas, a partir das milhares de histórias contadas em casa e pelos meios de comunicação e para que "não se esqueçam jamais" de que não são consumidores passivos de narrativas: é o leitor que, por sua leitura, produz o (ou os) sentido(s). Segundo o guia pedagógico, é inútil construir uma análise de narrativas se eles mesmos não se percebem como capazes de tal produção. O estudo da narrativa segue sempre uma concepção que coincide assim com a busca inicial de uma COERÊNCIA textual seguida da conseqüente COESÃO, como a constatação de que certos índices cronológicos podem ser suprimidos, sendo suficiente o encadeamento das frases correspondentes à ordem cronológica das ações ou o estudo dos tempos verbais no texto narrativo.

Outro trabalho muito interessante é o relatado em *Pratiques d'écriture. Raconter et Décrire*, de André Petitjean, já mencionado neste trabalho. Trata-se, segundo o próprio autor, de uma "ruptura com as práticas dominantes na aprendizagem da redação" porque:

1) os textos produzidos são longos – de 15 a 30 páginas;

2) o ato da redação levou um tempo não-habitual –

dois trimestres – e cobriu o conjunto de atividades do curso de francês, rompendo assim com a compartimentação da disciplina;

3) o conjunto do trabalho repousa sobre o pressuposto de que a redação de ficção "pode ser o objeto de uma aprendizagem que visa melhorar simultaneamente as performances de leitura e redação dos alunos"[12].

O projeto global de redação é um projeto coletivo, negociado ao longo de sua realização, e implica a adesão dos alunos. O professor organiza as atividades em função dos dois objetivos dominantes – saber CONTAR e saber DESCREVER. Segundo André Petitjean, um dos maiores interesses da escrita de um texto longo e completo é obrigar os alunos a melhorar constantemente seus textos, graças a um trabalho contínuo de releitura em que aparecem o que foi esquecido e as implicações e contradições que dificultam a compreensão do sentido e que devem ser corrigidas.

Na experiência relatada, o primeiro mês de trabalho foi dedicado à leitura de textos narrativos, sendo que a maioria dos alunos escolheu um texto de ficção científica para trabalhar. Teriam de reescrever esse conto operando transformações principalmente no nível da trama narrativa e das descrições. Uma vez escolhido o texto, segundo o método, parte-se para a redação do ESTADO INICIAL. É então que entram discussões sobre o emprego do *imparfait* e do *passé simple*, pronominalizações e substituições lexicais, assim como idéias sobre possibilidades de progressão temática. Todo o trabalho assim prossegue: na medida em que se faz necessário, são estudados pontos gramaticais e são feitas discussões e outras leituras.

CONCLUSÃO

Todo o nosso trabalho se baseou na consideração de dois níveis distintos, embora intimamente relacionados, de organização e análise de textos. Como vimos, a COESÃO decorre da COERÊNCIA e, portanto, não se pode falar de uma sem se falar da outra. Vimos ainda que a COERÊNCIA dos textos narrativos estabelece-se tanto no nível da estrutura propriamente dita de uma narrativa como no nível da inserção dessa narrativa numa situação de interlocução. Examinamos esses dois aspectos da COERÊNCIA em nossos dados e suas conseqüentes relações de COESÃO, sendo que não encontramos modelos fixos dessa COESÃO, como propõem algumas teorias. Concluímos assim que, quanto à prática pedagógica, trata-se, então, de tentar adequar várias possibilidades de estabelecimento da COESÃO narrativa ao modelo de COERÊNCIA que os alunos conhecem, como vimos, de experiências extra-escolares. Além disso, fundamental para a produção de textos narrativos escritos é a definição da situação de interlocução em que se inserem o aluno e o texto.

Ao lado dessas questões, impôs-se a todo instante uma outra que não foi suficientemente discutida e aprofundada neste trabalho: as relações entre a língua escrita e a língua oral no trabalho escolar. Examinamos, em nossos dados, fenômenos relacionados a essa questão, como a interferência, no texto escrito, de recursos da oralidade. Constatamos que devido a uma falta de familiaridade dos alunos com a escrita e à própria falsidade ou não-definição da situação escolar de escrita, os alunos lançam mão do que lhes é mais acessível. Dessa forma é que explicamos certos problemas de COESÃO, como a repetição excessiva de palavras e construções. Vemos a necessidade de se colocar na escola a distinção língua oral/língua escrita, ou seja, coesão oral/coesão escrita, visto que esta é, muitas vezes, confundida com questões de formalidade e informalidade da língua, concluindo-se daí uma incapacidade generalizada dos alunos para o uso da língua-padrão. E, mais uma vez, a solução parece estar, pelo menos inicialmente, na definição da situação de interlocução na qual se insere o texto escrito. As situações de interlocução oral e escrita são diferentes na medida em que, na oral, a situação de enunciação é dada ao mesmo tempo que o texto, ou seja, conhecemos o interlocutor, o tempo e o lugar da enunciação, enquanto na escrita apenas o texto é apresentado ao leitor. Na escola, isso se torna um problema, dado que, além dessa diferença não ser enfatizada, as situações de produção escrita são, em grande maioria, forçosamente artificiais.

A conjunção desses dois fatores – diferenças das modalidades escrita e oral e artificialidade da situação de uso da língua – é que torna o manejo da língua escrita extremamente difícil para os alunos. Assim, no que diz respeito às narrativas, contar histórias por escrito pode ser uma ótima prática de produção de textos desde que essa atividade esteja inserida em algum contexto que a torne o mais próxima possível da realidade, para que se efetive o aprendizado. Só tendo consciência das implicações da noção de COERÊNCIA de um texto no nível das escolhas lingüísticas é que os alunos podem melhorar sua produção narrativa escrita. Caso contrário, continuarão repetindo indefinidamente historinhas pouco complexas e nada convincentes, que não passam de transcrições do seu desempenho oral. A escola falha, assim, na sua função de ensino da produção escrita.

BIBLIOGRAFIA

1. Amêndola, Ana Luísa. *Verbo, classe dominante na narração?* Campinas, dissertação de mestrado apresentada ao Departamento de Lingüística do IEL-UNICAMP em 1981, inédita.
2. Benveniste, Émile. *Problemas de lingüística geral.* São Paulo, Cia. Ed. Nacional/Editora da USP, 1976.
3. Carrell, Patricia L. "Cohesion is not coherence". *Tesol Quaterly*, 16(4): 479-488, dezembro de 1982.
4. Castro, Vandersi Sant'ana. *Os tempos verbais da narrativa oral.* Campinas, UNICAMP, 1980 (dissertação de mestrado).
5. Cegalla, Domingos Paschoal. *Português para o colégio comercial.* São Paulo, Cia. Ed. Nacional, 1974.
6. Charolles, Michel. "Introduction aux problèmes de la cohérence des textes". *Langue Française*, Paris, Larousse, 38: 741, maio de 1978.
7. _____. "L'ordre de la signification". *Pratiques*, Paris, *Colloque de Cerisy*: 49-64, [s.d.].
8. _____. "Coherence as a principle in the interpretation of discourse". *Text*, Amsterdã, 3(1): 71-97, 1983.

9. Combettes, Bernard. "Ordre des élements de la phrase et linguistique du texte". *Pratiques*, Paris, 13: 91-111, janeiro de 1977.
10. Combettes, Bernard; Fresson, Jacques; Tomassone, Roberte. *Vers la maitrise de la langue. De la phrase au texte. Classe de Troisième.* Delagrave, 1980.
11. _____. *Vers la maitrise de la langue. De la phrase au texte. Guide pedagogique. Classe de Troisième.* Delagrave, 1980.
12. Cunha, Antônio Geraldo da. *Dicionário etimológico da língua portuguesa.* Rio de Janeiro, Nova Fronteira, 1982.
13. Ferreira, Aurélio Buarque de Hollanda. *Novo dicionário da língua portuguesa.* Rio de Janeiro, Nova Fronteira, [s.d.].
14. Fillol, François; Mouchon, Jean. "Allors cet événement s'est passé..." Les éléments organisateurs du récit oral. *Pratiques*, Paris, 17: 100-127, outubro de 1977.
15. _____. "Approche des notions de cohérence et de cohésion sur un corpus oral". *Langue Française*, Paris, Larousse, 38: 87-100, maio de 1978.
16. Halliday, M. A. K. "Estrutura e função da linguagem". Em Lyons, John. *Novos horizontes em lingüística.* São Paulo, Cultrix, 1976, pp. 134-160.
17. Halliday, M. A. K.; Hasan, R. *Cohesion in English.* Londres, Longman, 1976.
18. Ilari, Rodolfo. "Algumas opções do professor de português no segundo grau". Em *Subsídios à proposta curricular de língua portuguesa.* São Paulo, *I – Reflexões preliminares*: 1-20, SEE-CENP, 1978.
19. Kintsh, Walter; Van Dijk, Teun A. "Comment-on se rappelle et on résume des histoires". *Langages.* Paris, Didier Farousse, 40: 98-116, dezembro de 1975.
20. Labov, William. "The transformation of experience in narrative syntax". Em *Idem, Language in the inner city. Studies in the black English vernacular.* Filadélfia, University of Pennsylvania Press, 1972, pp. 354-396.
21. Labov, William; Waletzky, Joshua. "Narrative analysis: oral versions of personal experience". Em Helm, J. (ed.). *Essays on the verbal and visual arts.* Washington, University of Washington Press, 1967, pp. 12-44.
22. Lajolo, Marisa; Osakabe, Haquira; Savioli, F. P. *Caminhos da linguagem.* Vols. I, II, III. São Paulo, Ática, 1977.

23. Larivaille, Paul. "L'analyse (morpho)logique du récit. *Poétique*, Paris, 19: 369-388, 1974.
24. Lemos, Cláudia T. G. "Redação no vestibular: algumas estratégias". *Cadernos de Pesquisa*, São Paulo, Fundação Carlos Chagas, 23: 61-71, dezembro de 1977.
25. Machado, Rosa Helena. *Algumas questões sobre a narrativa (elementos essenciais e não-essenciais da narrativa)*. Campinas, UNICAMP, 1980 (dissertação de mestrado).
26. Masseron, Caroline. "La corréction de la rédaction". *Pratiques*, Paris, 29: 47-68, março de 1981.
27. Oliveira, E. B. R.; Negrini, J. C. C A.; Lourenço, N. R. P. *Encontro com a linguagem*. Vol. 1. São Paulo, Atual, 1977.
28. Pereira, T. A.; Ogleari, Braz. *Nova visão. Literatura. Linguagem. Redação*. Vols. 1 e 2. São Paulo, IBEP, [s.d.].
29. Petitjean, André. *Pratiques d'écriture. Raconter et décrire*. Paris, CEDIC, 1982.
30. Ramos, Tânia Martins. *Hipóteses para uma taxonomia das repetições no estilo falado*. UFM, 1983.
31. Rocco, Maria Thereza Fraga. *Crise na linguagem. A redação no vestibular*. São Paulo, Mestre Jou, 1981.
32. Sargentim, Hermínio G. *Expressão e comunicação lingüística*. Vol. I. São Paulo, IBEP, [s.d.].
33. Simonin-Grumbach, Jenny. "Linguistique textuelle et étude des textes littéraires. A propos de LE TEMPS de H. Weinrich". *Pratiques*, Paris, 13: 77-90.
34. _____. "Pour une typologie des discours". Em *Langue, discours, société*. Paris VIe, Éditions du Seuil, 1975, pp. 85-121.
35. Weinrich, Harald. *Les temps*. Paris, Éditions du Seuil, 1973.
36. _____. "Les temps et les personnes". *Poétique*, Paris, 39: 338-352, setembro de 1979.
37. Widdowson, H. G. *Une approche communicative de l'enseignement des langues*. Paris, Hatier, 1981.
38. Wolfsson, Nessa. "A alternância do presente histórico na conversação". Tradução de Ataliba T. de Castilho e Geraldo Cintra (mimeografado), UNICAMP.

NOTAS DO CAPÍTULO 1

1. Halliday, M. A. K.; Hasan, R. *Cohesion in English*. Londres, Longman, 1976, p. 26.
2. Halliday, M. A. K.; Hasan, R. *Loc. cit.*
3. Charolles, M. "Introduction aux problèmes de la cohérence des textes". *Langue Française*, Paris, Larousse, 38: 7-41, maio de 1978, p. 12.
4. *Id. ibid.*, p. 14.
5. Charolles, M. *Loc. cit.*
6. *Id. ibid.*, p. 20.
7. Charolles, M. *Loc. cit.*
8. *Id. ibid.*, p. 22.
9. *Id. ibid.*, p. 31.
10. *Id. ibid.*, p. 33.
11. *Id. ibid.*, p. 14.
12. Widdowson, H. G. *Une approche communicative de l'enseignement des langues*. Paris, Hatier, 1981, p. 36.
13. *Id. ibid.*, p. 37.
14. Widdowson, H. G. *Loc. cit.*

15. *Id. ibid.*, p. 35.
16. *Id. ibid.*, p. 39.
17. Widdowson, H. G. *Loc. cit.*
18. Widdowson, H. G. *Loc. cit.*
19. Widdowson, H. G. *Loc. cit.*
20. Halliday, M. A. K.; Hasan, R. *Op. cit.*, p. 26.
21. *Id. ibid.*, p. 2.
22. *Apud* Carrell, P. L. "Cohesion is not coherence". *Tesol Quaterly*, 16(4): 479-488, dezembro de 1982, p. 485.
23. *Id. ibid.*, p. 486.
24. Charolles, M. "L'ordre de la signification". *Pratiques*, Paris, *Colloque de Cerisy*: 49-64, [s.d.], p. 61.
25. Charolles, M. "Coherence as a principle in the interpretation of discourse". *Text*, Amsterdã, 3(1): 71-97, 1983, p. 77.
26. *Id. ibid.*, p. 76.
27. *Id. ibid.*, p. 74.
28. *Id. ibid.*, p. 95.
29. Charolles, M. "Introduction aux problèmes de la cohérence des textes". *Langue Française*, Paris, Larousse, 38: 7-41, maio de 1978, p. 35.
30. Widdowson, H. G. *Op. cit.*, p. 39.
31. Rocco, M. T. F. *Crise na linguagem. A redação no vestibular*. São Paulo, Mestre Jou, 1981, p. 54.
32. *Id. ibid.*, p. 146.
33. Rocco, M. T. F. *Loc. cit.*
34. *Id. ibid.*, p. 172.
35. *Id. ibid.*, p. 178.
36. *Id. ibid.*, p. 181.
37. Charolles, M. "Introduction aux problèmes de la cohérence des textes". *Langue Française*, Paris, Larousse, 38: 7-41, maio de 1978, p. 36.

NOTAS DO CAPÍTULO 2

1. Desnecessário lembrar que esse fator cultural do estabelecimento existe para qualquer tipo de texto, não só em relação à narrativa. Entretanto, em relação ao texto narrativo parece-nos que esse fator traz conseqüências mais marcantes para sua construção.
2. Veremos que nem sempre a apresentação dos acontecimentos segue sua ordem original e que essa ordem de apresentação dos acontecimentos é uma das maneiras de valorizá-los mais ou menos.
3. Labov, W.; Waletzky, J. "Narrative analysis: oral versions of personal experience". Em Helm, J. (ed.). *Essays on the verbal and visual arts*. Washington, University of Washington Press, 1967, p. 20.
4. *Apud* Castro, Vandersi Sant'ana. *Os tempos verbais da narrativa oral*. Campinas, UNICAMP, 1980, p. 13 (dissertação de mestrado).
5. *Apud* Castro, Vandersi Sant'ana. *Os tempos verbais da narrativa oral*. Campinas, UNICAMP, 1980, pp. 23-24 (dissertação de mestrado).
6. Voltaremos posteriormente a essa questão ao tratarmos do envolvimento do aluno com seu texto.

7. Labov, W.; Waletzky, J. *Op. cit.*, p. 37.

8. O fato de que a *avaliação* pode não se limitar a uma seção fixa foi definido em um segundo artigo (Labov, W., "The transformation of experience in narrative syntax". Em seu *Language in the inner city studies in the black English vernacular*. Filadélfia, University of Pennsylvania Press, 1972, pp. 354-396), em que Labov apresenta algumas modificações e reflexões sobre o esquema inicial das funções narrativas.

9. Labov, W.; Waletzky, J. "Narrative analysis: oral versions of personal experience". Em Helm, J. (ed.). *Essays on the verbal and visual arts*. Washington, University of Washington Press, 1967, p. 39.

10. Amêndola, Ana Luísa. *Verbo, classe dominante na narração?* Campinas, UNICAMP, 1981 (dissertação de mestrado).

11. *Op. cit.*

12. Fillol, F.; Mouchon, J. "Allors cet événement s'est passé..." Les éléments organisateurs du récit oral. *Pratiques,* Paris, 17: 100-127, outubro de 1977, p. 106.

13. Larivaille, Paul. "L'analyse (morpho)logique du récit". *Poétique*, Paris, 19: 369-388, 1974, p. 386.

14. Podemos interpretar o desligamento a que se refere Weinrich não em termos psicológicos mas em termos de interlocução. Assim, na *narração*, o *eu* não está se situando como *eu*, então não está requisitando um *tu*. O desligamento do interlocutor frente à *atitude de locução* de *narração* pode ser interpretado como uma não-obrigação deste ter de assumir o *eu* em seguida.

15. Weinrich, H. *Les Temps*. Paris, Editions du Seuil, 1973, p. 33.

16. *Id. ibid.*, pp. 33-34.

17. Note-se que a noção de *mise en relief* é a única que opõe *imparfait* a *passé simple*. (Ambos são tempos *narrativos* e expressam *grau zero* quanto à *perspectiva de locução*.)

18. *Id. ibid.*, p. 199.

19. Weinrich define dois tipos de *transições heterogêneas*: algumas modificam apenas uma dimensão do sistema temporal, são as *transições de primeiro grau*; outras modificam duas dimensões, são as *transições de segundo grau*, chamadas de *metáfora temporal*. (Uma mudança tridimensional é impossível, uma vez que não há distinção entre *primeiro plano* e *pano de fundo* no *comentário*.) É interessante notar que os autores das redações com que trabalhamos praticamente não fazem uso da *metáfora temporal*, valendo-se de outros recursos para efetuar *transições* em mais de uma dimensão do sistema temporal.

Exemplos de transições temporais	Dimensão modificada
pres → pres	nenhuma
pres → imp	atitude de locução
pres → passé composé	perspectiva de locução
imp → passé simple	mise en relief
plus q. parfait → present	at. de locução + persp. de loc.
passé antérieur → imp	persp. de loc. + mise en relief

20. Fillol e Mouchon, no texto "Approche des notions de cohérence et de cohésion sur un corpus oral" (*Langue Française*, Paris, Larousse, 38: 87-100, maio de 1978), descrevem e discutem uma experiência feita por professores de francês (língua materna) que visava melhorar a expressão oral de seus alunos com dois tipos de exercícios distintos: a produção de uma narrativa por um primeiro locutor e sua reformulação imediata por outros locutores. Alguns alunos não tiveram sucesso nessa reformulação, isto é, não conseguiram chegar ao fim da narrativa. Entre outras coisas, foi observado que essas narrativas não terminadas possuíam um número grande de *transições heterogêneas*, por vezes maior do que o número de *transições homogêneas*.

21. Weinrich, H. *Op. cit.*, p. 198.

22. *Id. ibid.*, p. 273.

23. *Id. ibid.*, p. 272.

24. Num artigo posterior, a relação entre o tempo verbal e as pessoas gramaticais, no que diz respeito à enunciação, é mais explicitada do que em Weinrich, 1973: "Entre os registros sintáticos que concorrem com os tempos verbais para situar um texto em relação às categorias do narrativo e do não-narrativo, deve-se mencionar em primeiro lugar as pessoas gramaticais" (Weinrich, H. "Les temps et les personnes". *Poétique*, Paris, 39: 338-352, setembro de 1979).

25. Para provar essa relação da 1ª e da 2ª pessoas com os tempos do *comentário*, e da 3ª pessoa com os tempos da *narração*, Weinrich lembra o fato observado por Benveniste de que o *passé simple*, tempo da *narração* por excelência, resistiu em francês em combinação com a 3ª pessoa gramatical.

26. Benveniste, Émile. *Problemas de lingüística geral*. São Paulo, Cia. Ed. Nacional/Editora da USP, 1976, p. 267.

27. *Id. ibid.*, p. 271.

NOTAS DO CAPÍTULO 3

1. IMP = Imperfeito
   PP = Pretérito perfeito
   MQP = Mais-que-perfeito
   P = Presente
2. *Apud* Amêndola, Ana Luísa. *Verbo, classe dominante na narração?*
   Halliday estabelece um sistema de tipos de orações: orações de *ação*; orações de *processo mental*; orações *relacionais*.
   Esse sistema é baseado nos papéis ("ator", "processo", "objeto") que a oração apresenta. Assim, uma oração de ação envolve "ator" como papel inerente, podendo ou não apresentar "objeto". Todas as orações de ação possuem formas equiparáveis correspondentes (paráfrases) com o verbo *fazer* ou o verbo *acontecer*.
   Vendler estabelece um esquema de tempo verbal (do inglês) da seguinte maneira:

   verbos que possuem ⎰ *activity*
   forma contínua   ⎱ *accomplishment*

   verbos que não pos- ⎰ *achievement* ⎰ voluntário
   suem forma contínua ⎱ *state*   ⎱ involuntário

Os verbos que apresentam formas contínuas indicam processos que acontecem no tempo:

Activities – verbos que indicam uma atividade indefinida, isto é, processos que acontecem no tempo de maneira homogênea. Ex: pintar, ler, escrever, jogar, correr, empurrar.

Accomplishments – indicam uma atividade definida, isto é, processos que acontecem no tempo em direção a um *término*; verbos que exigem um resultado concreto como fruto das ações que indicam. Ex: fazer uma cadeira, construir uma casa, dar ou assistir uma aula, pintar a casa, correr 1 km, empurrar um carro.

Os verbos que não apresentam forma contínua:

Achievements – não indicam processos que acontecem no tempo, mas algo que ocorre num momento único.
 – voluntários: parar, começar
 – involuntários: reconhecer, perceber, descobrir, ver algo, perder um objeto, etc.

States – qualidades, hábitos e operações imanentes. Ex.: saber, amar, desejar, querer, gostar, desgostar, acreditar coisas, ter, possuir.

Os verbos que possuem forma contínua, segundo Vendler, encontram-se nas orações de ação de Halliday:

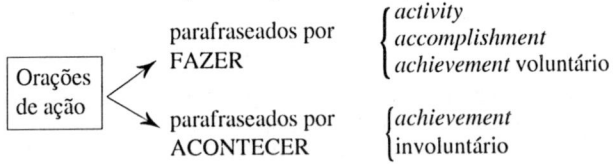

Orações de ação
 ↗ parafraseados por FAZER { activity / accomplishment / achievement voluntário
 ↘ parafraseados por ACONTECER { achievement involuntário

3. Este exemplo (Narrativa 2) mostra também um problema comum quanto ao uso dos tempos verbais, que é a dificuldade de uso do subjuntivo: "(...) como se alguma coisa tinha pegado o carro". O uso do subjuntivo foi tratado em Bastos, L. K. X., e Mattos, M. A. B. de. *A produção escrita e a gramática*. São Paulo, Martins Fontes, 1985.
4. Benveniste, E. *Problemas de lingüística geral*. São Paulo, Cia. Ed. Nacional/Editora da USP, 1978, p. 271.
5. Wolfsson, N. "A alternância do presente histórico na conversação". Tradução de Ataliba T. de Castilho e Geraldo Cintra, UNICAMP (mimeo.), p. 13.

6. Wolfsson, N. *Loc. cit.*
7. *Id. ibid.*, p. 27.
8. Convém notar aqui que o francês oral só admite o *passé composé*. Daí talvez o uso do presente, com valor narrativo, na escrita, para enunciar fatos passados.
9. Já que falamos aqui da retrospecção gostaríamos de dizer que, em relação à *prospecção*, os alunos apresentam menos dificuldades. Cf. Narrativa 51, "(...) eu precisava trabalhar pois não poderia ficar dependendo de meus pais (...)", e Narrativa 62, "(...) Era o primeiro ano primário e eu teria uma aula de comunicação e expressão (...)".
10. Labov. W.; Waletzky, J. "Narrative analysis: oral versions of personal experience". Em Helm, J. (ed.). *Essays on the verbal and visual arts*. Washington, University of Washington Press, 1967, p. 20.

NOTAS DO CAPÍTULO 4

1. Castro, Vandersi Sant'ana. *Os tempos verbais da narrativa oral*. Campinas, UNICAMP, 1980, p. 22 (dissertação de mestrado).
2. Petitjean, A. *Pratiques d'écriture. Raconter et décrire*. Paris, CEDIC, 1982, p. 20.
3. Petitjean, A. *Loc. cit.*
4. *Id. ibid.*, p. 21.
5. *Id. ibid.*, p. 28.
6. Distinção língua oral X língua escrita de Simonin-Grumbach, J. "Lingüistique textuelle et étude des textes littéraires — a propos de LE TEMPS de H. Weinrich". *Pratiques*, Paris, 13: 77-90.
7. Ilari, Rodolfo. "Algumas opções do professor de português no segundo grau". Em *Subsídios à proposta curricular de língua portuguesa*. São Paulo, *I — Reflexões preliminares*: 1-20, SEE-CENP, 1978, pp. 6-7.
8. *Id. ibid.*, p. 10.
9. *Id. ibid.*, p. 13.
10. Com base na função comunicativa efetivada pelos diferentes usos da repetição, Jânia Martins Ramos, em sua dissertação de

mestrado *Hipóteses para uma taxonomia das repetições no estilo falado*, classifica as repetições *no estilo falado* da seguinte maneira:
    1) repetições que contribuem para facilitar a tarefa do ouvinte de decodificar enunciados.
    2) repetições que realizam outras funções.
    Na primeira grande classe encontram-se:
    a) repetições que preenchem a posição de sujeito em construções do tipo tópico e comentário.
        Ex.: o *carro/o carro* já era.
    b) repetições que marcam o item da sentença que será comentado a seguir.
        Ex.: homem assim tem muito mais chance//depende da *aparência//aparência* acho que leva muito em conta.
    c) repetições que enfatizam elementos da sentença.
        Ex.: *deve ser* por causa da colonização européia lá/*deve ser*
    Na segunda grande classe encontram-se:
    a) repetição de hesitação.
        Ex.: eu acho que eu ia deixar de fazer *essas... essas* obras aí.
    b) repetição intensificadora.
        Ex.: uma menina *linda linda linda*.
    11. *Apud* Charolles, M. "Introduction aux problèmes de la cohérence des textes". *Langue Française*, Paris, Larousse, 38: 7-41, maio de 1978, p. 14.
    12. Fillol, F.; Mouchon, J. "Allors cet événement s'est passé..." Les éléments organisateurs du récit oral. *Pratiques*, Paris, 17: 100-127, outubro de 1977.
    13. Charolles, M. *Op. cit.*, p. 15.
    14. a) Exemplo: "Faz pouco tempo *um casal jovem* passou perto de casa, *um casal jovem* mas completamente bêbados." [Narrativa 1]
        b) Progressão temática: encadeamento de temas dentro de um texto, sua hierarquia, sua ordem. Cf. Combettes, Bernard. "Ordre des élements de la phrase et linguistique du texte". *Pratiques*, Paris, 13: 91-111, janeiro de 1977.
    15. Widdowson, H. G. *Une approche communicative de l'enseignement des langues*. Paris, Hatier, 1981, p. 37.

NOTAS DO CAPÍTULO 5

1. Os livros consultados foram os seguintes:
Cegalla, D. P. *Português para o colégio comercial*. São Paulo, Cia. Ed. Nacional, 1974.
Lajolo, M.; Osakabe, H.; Savioli, F. P. *Caminhos da linguagem*. São Paulo, Ática, 1977.
Oliveira, E. B. R.; Negrini, J. C. C. A.; Lourenço, N. R. P. *Encontro com a linguagem*. Vol. 1. São Paulo, Atual, 1977.
Pereira, T. A.; Ogleari, B. *Nova visão. Literatura. Linguagem. Redação*. Vols. 1 e 2. São Paulo, IBEP, [s.d.]
Sargentim, H. G. *Expressão e comunicação lingüística*. Vol. 1. São Paulo, IBEP, [s.d.]
2. Pereira, T. A.; Ogleari, B. *Op. cit.*, p. 166.
3. Sargentim, H. G. *Op. cit.*, p. 118.
4. Oliveira, E. B. R.; Negrini, J. C. C. A.; Lourenço, N. R. P. *Op. cit.*, vol. 1, p. 20.
5. Pereira, T. A.; Ogleari, B. *Op. cit.*, vol. 2, p. 173.
6. Sargentim, H. G. *Op. cit.*, vol. 1, p. 113.
7. Pereira, T. A.; Ogleari, B. *Op. cit.*, vol. 1, p. 85.

8. Lajolo, M.; Osakabe, H.; Savioli, F. P. *Op. cit.*, vol. 2, p. 104.
9. *Id. ibid.*, p. 109.
10. Lajolo, M.; Osakabe, H.; Savioli, F. P. *Loc. cit.*
11. *Id. ibid.*, p. 110.
12. Petitjean, A. *Pratiques d'écriture. Raconter et décrire*. Paris, CEDIC, 1982, p. 7.

ANEXO

AS REDAÇÕES

01
Relatar um fato estranho, engraçado ou triste

Faz pouco tempo um casal passou perto de casa, um casal jovem mas completamente bêbados. A gurizada da rua, não sei por qual razão, começaram a judiar dos dois. Estas crianças já começaram com espírito de malvadeza, sem pena de ninguém. Sem vergonha nenhuma começaram a falar palavrões, isto de ambas as partes. Pedras eram atiradas acertando os muros das casas da redondeza.
Aqueles dois pareciam tão velhos de longe, mas de perto percebia-se a sua mocidade.
Cambaleando pela rua sem direção, sem rumo, ficaram bravos, exaltados com a farra feita pelos garotos e foram para a desforra.
Os caminhos de ambos os lados eram sempre oscilatórios até desaparecerem a rua abaixo.
Primeiramente o fato estava muito engraçado mas só de ver o estado em que se encontram os pobres coitados eram dignos de pena.
Os meninos da rua estavam representando uma parte da sociedade e nós, os expectadores, a outra parte que só fica assistindo.

02
Narração
Narrar um acontecimento estranho, engraçado ou triste

Vou tentar falar de um artigo de jornal que eu li há muitos anos. Foi mais ou menos em 1970, em algum país latino, há algumas coisas que eu não lembro, por isso vou tentar falar por cima do assunto.
Como eu já falei foi em algum país latino-americano aonde uma família viajava a noite e de repente apareceu uma luz muito forte vinda do céu.
No outro dia a família foi encontrada em outro país, dormindo dentro do carro.
A polícia perguntou ao chefe da família, como eles chegaram lá, ele disse que não sabia, só disse o que ocorrera na noite anterior, quando ele saiu do carro viu marcas dos dois lados do carro, como se alguma coisa tinha pegado o carro.

03
Narração
Um acontecimento estranho, engraçado ou triste

Um certo dia, quando esta passeando com meu pai, vimos no chão, jogado, um magro e faminto cachorrinho. Ele estava a porta da morte, mas meu pai teve a idéia de tentar salvar a vida dele. Pegamos o cãozinho e o levamos em um veterinário. O veterinário disse que podia tentar salvá-lo, mas não garantiu nada, pois depois de 20 dias voltamos ao veterinário e o pequeno cãozinho encontrava-se melhor do que nos haviamos deixado lá.
O cachorro teve uma rapida recuperação e pegamos ele para criar. Passaram um 50 dias quando o pequeno cachorrinho fugiu de casa. Todos preocupados concordavam em procurar, fomos ate a rede, perguntamos aos vizinhos se tinha visto. Depois de dois dias fomos encontrar ele, mas o pobrezinho estava morto, ele foi atropelado. Todos sentimos sua falta pois o amor que nos depositamos nele foi grande. Para esquecermos o cachorro pegamos dois filhotes de canario para criar e ate hoje os dois estão la em casa. Os canarios cantam que é uma maravilha. Os dois são amarelinhos, um é macho e outra femeas, e elas estão chocando 3 ovos, que ela mesma poes.

O macho não deixa que nos se chegue perto do ninho e vem e bica a mão. Perdemos o cachorrinho que era muito querido que por sua propria culpa morreu atropelado, mas os dois canários são muito mais engraçadinho do que o pequeno caozinho que passou por casa somente 50 dias e os canarios vao fazer quase 1 ano e meio.

04
Narração
Um acontecimento triste, estranho ou engraçado

Tudo começou quando um dia estava saindo para fazer compras e algo ou alguem começou a seguir-me. Saía para o trabalho lá estava aquela aparência estranha, assustadora. Aonde eu fosse, sempre estava lá, em algum lugar, mas atrás de mim.

Estava ficando louca, assustada e até pensei em ir ao psiquiatra. Mas um dia resolvi enfrentar de frente o problema e esperei ele chegar até mim. Nós nos apresentamos, gostamos um do outro e hoje sou casada com ele.

05
Narrar um acontecimento estranho

Há algum tempo atrás, quando vagava por um município de Minas Gerais, quase desconhecido por todo o estado, fui surpreendido por uma luz intensa que brilhava numa casa, no fim da rua onde eu morava.

Depois de minutos de pensamento, resolvi verificar o que acontecia. Quando cheguei à casa, olhei pela janela e enxerguei entre a névoa o que havia dentro dela, foi ai que vi meus parentes, todos reunidos, ou seja, estavam amontoados no meio da sala. Depois de ver aquela cena, comecei a pensar o que seria aquilo, pensei que fosse macumba, pensei que fosse um velório maluco, pensei que todos estavam mortos, mas só o que não pensei é que era a ultima noite de carnaval e todos estavam bebados, como eu estava.

Estranho não muito, mas para se pensar um pouco sim.

06
Na ultima féria (de julho) fui para casa de meus tios em Belo Horizonte.

A tarde, depois de conversar muito com a minha tia, fui dar uma volta pela cidade e sentei no banco de uma pracinha.

Sem eu esperar apareceu uma garota e sentou ao meu lado e ficou lendo, parecia-me uma daquelas revistas de fotonovelas.

Depois ela fechou a revista e começou a puxar conversa.

Quando falei que era de Campinas ela deu uma risadinha ironizando.

Ficamos conversando bastante tempo, ela tinha uns olhos-verde muito bonitos seus cabelos encaracolados castanhos-claro também seu corpo dentro do jeans parecia também muito bonito.

Eu estava quase gostando dela quando derrepente ela levantou e disse que tinha que ir, já era tarde.

Ela me deu um longo beijo e foi-se atravessando o jardim.

Nem perguntei o teu nome, nem ela sabe o meu. Só sei que ficamos, isto é, sentimos nos muito bem juntos naquela tarde.

07
Narração de um acontecimento engraçado

Uma amiga contou-me um filme que ela assistiu, o filme era em japonês, no filme havia uma classe de estudantes que não fazia silêncio, então um dos alunos levantou-se e disse – "silêncio por favor, quem não quizer assistir aula que se retire", com aquela manifestação do aluno os outros ficaram em silêncio e a professora aproveitando a ocasião do silêncio que era muito raro disse – "É isso mesmo, quem não quizer assistir aula que se retire", daí o próprio aluno que dissera isto, ele levantou-se e disse – "muito obrigada professora e até amanhã".

08
Narração: Um fato estranho, engraçado ou triste

Na casa dos Pereira era costume, que quando todos fossem dormir, logo após a mãe iria no quarto dos filhos ver se eles estavam dormindo, mas um dia aconteceu que um dos filhos o mais novo que se chamava Pedro notou que a luz demorou-se mais para apagar e logo depois começou a ouvir barulhos estranhos.

Ficou assustado e o seu coração disparou, viu um vulto perto de sua cama que se aproximava e não sabia o que fazer. Pensou em tudo em gritar, em bater, em sair correndo, mas não fez nada só observou o vulto, este tinha bariga e mexia no seu criado-mudo.

Encheu-se de coragem e deu um tapa no vulto, percebendo depois que era a sua mãe.

09
Narrar um acontecimento estranho

Em altas horas da noite viajando por uma estrada que possuia uma pista de cada lado com um canteiro no meio dividindo-as. No volante do carro eu estava triste e solitário rodando em alta velocidade a pista vazia e solitaria como eu. Despertando-me de repente uma luz quilometros a frente, como se fosse uma estrela que ao descer do universo encontrou a mesma pista que situava-me para pousar.

Meus olhos viam aquela luz e minha mente não acreditava no que eles viam, não tinha com quem tirar a dúvida na qual me encontrava, e comecei a ficar impaciente, trêmulo e com medo, mas minha única reação era de parar mas não conseguia pois os controles não obedeciam, como aparentemente aquela luz puxava-me para ela.

Quando cheguei mais perto formou-se a minha frente uma imagem nítida de um balão achatado, ou como um ovo deitado. Possuia a sua volta muitas janelas e luzes, um caso completamente louco, estranho e que eu julgava ireal, no qual minha mente não admitia. So consegui realmente crer no que via no momento que meu carro parou em frente como se estivesse alguém no controle dele, que não era eu. Inconsciente ou melhor não podendo me mexer fui levado como vácuo do objeto para dentro do mesmo.

Dentro do enorme e estravagante objeto fiquei sentado em uma cadeira com vários instrumentos que me analisavam e extraiam da minha mente tudo que eu pensava sob aquilo e não consegui toca-los para provar a eu mesmo o que se passava. Estava preso mas não tinha nada me segurando, deu a impressão de estar morto, mas tudo concretizou-me quando eu acordei com o despertar do despertador.

Foi completamente real mas assumi que era um sonho e sonho é um pensamento da mente na qual é ilusão portanto fiquei satisfeito, mas uma acontecimento estranho como esse qualquer um pode ter.

10
Narração
Narrar um acontecimento estranho/ou engraçado/ou triste

Estávamos em Angra dos Reis – meus amigos e eu – passando as férias, quando ocorreu um fato engraçado e estranho.

À noite quando íamos sair, um de meus amigos não queria ir conosco, para ficar assistindo televisão. Nós queríamos que ele fosse, e insistimos. Mas ele não queria dar o braço a torcer. Para amedontrá-lo, dissemos que a televisão iria explodir logo que fosse ligada. Ele não acreditava, como eu também não acreditaria. Conversa vai, conversa vem, nós tentando enganá-lo e não conseguindo, quando olhamos no relógio e já era meia-noite. Não havia mais tempo pra sair, e desistimos da idéia.

Quando decidimos ficar em casa e assistir televisão, todos já aconchegados em seus cantos e esparramados pelo chão, esse colega ligou a televisão.

Passou-se pouco tempo, mais ou menos uns cinco minutos e a televisão explodiu. Não sabemos se por coincidência ou não, mas esse fato marcou muito, por ser estranho e engraçado.

11
Os mendigos

Um mendigo que dormia na calçada levantou cedo e logo viu que não tinha nada para comer. Decidiu esmolar dinheiro para comprar comida. Colocou-se em posição e pedia constantemente a todos que passavam algum "trocado" para sua ceia.

Umas pessoas passavam indiferentes, outras disiam – coitado não têm dinheiro nem para comer – mas também não davam dinheiro. Outros sim davam-lhe os "trocados" (estas pessoas que acham que é o seu dever e que não custa nada ajudar, já que o pobre deve comer).

Em meio às pessoas, passa um cidadão que vê o homem no chão, fica indignado, revoltado e, acha por bem de pronunciar publicamente seus sentimentos. Sobe num caixote que estava por ali e começa o discurso:

– Vocês que estão aí vendo este pobre sêr, que não come a dias, que, não tem dinheiro, que não usa as vestes a que uma pessoa tem direito. Vocês que passam e nem se dão por conta de, que ele, pode morrer de fome, porque não dão um pouco de seus valores para esse homem. Seus valores serão um dia inúteis, pois nesse dia contarão seus atos, e só seus atos contarão para que prestem contas com Deus... etc.

Ao ouvirem estas palavras as pessoas se sensibilisam e começam, a doar algum dinheiro. O cofre do mendigo se enche. O homem desse do caixote. O mendigo agradece e se vai para um bar. Compra uma garrafa de pinga que bebe inteirinha dorme bêbado e sem comer e só acorda no dia seguinte no meio de uma calçada.

12
Narração
Narrar um acontecimento estranho triste ou engraçado

Éramos uma turma bastante diferente, pois só nos viamos no colégio, mas conversavamos como velhos amigos.

Em determinada época do ano aconteceu um fato que nós consideramos engraçado, talves só mesmo nós para rir com aquilo.

A menina mais bonita do colégio, a qual nós dedicavamos simultaneamente "uma boa olhada", todos os dias nos intervalos, começou a nos fitar, com uma certa frequência, passou a se sentar muito próximo ao nosso tradicional banco. Todos nós nos sentimos um "galã", mas sabíamos que apenas um era o privilegiado. Para saber quem era o homem certo, estipulamos que cada um em cada dia não se juntaria a turma, e quando ela falhasse o ausente seria o nosso "galã".

A semana se passou todos se ausentaram, porém ela não falhou nenhum dia.

Não sabíamos o que fazer, todo estávamos disiludidos, quem seria? ou então o que seria que a levava a se sentar, a olhar e até mesmo rir para nós.

Depois de algum tempo, ela já havia parado de se sentar ali fomos perceber que atrás do banco...?

Desculpem minha falta de imaginação, mas não há nada engraçado ou triste cabível para eu terminar essa infeliz estória "de amor".

13
Narração
Narrar um acontecimento estranho ou engraçado ou triste

Era um dia de chuva e eu e minha família estava saindo da casa de meus tios.

No caminho de volta, nós estávamos de carro e meu pai estava na direção. De repente em um ponto de ônibus nós avistamos de longe um casal de enfermeiros de baixo de um guarda-chuva, e perto da beira da calçada estava uma poça d'água, próximo aos enfermeiros de guarda-chuva e do lado do ponto do ônibus.

Meu pai então no memento em que o carro passou pelo casal, a água foi espirrada em direção aos enfermeiros que imediatamente abaixaram o guarda-chuva proteger suas roupas. Numa dessa, este casal iria se molhar de qualquer jeito: ou com a poça de água que foi espirrada, ou com a chuva na hora em que abaixaram o guarda-chuva. Todos dentro do carro deram grandes gargalhadas pela reação do casal no momento da travessura.

Sei que os enfermeiros se molharam mas que foi engraçado foi.

14
Narração
Fato estranho (real)

Isto me aconteceu em Ouro Fino Minas Gerais, mais ou menos entre mil novecentos e setenta e oito e setenta e nove. Eu estava na Igreja e ao final da missa eu minha prima ao sair vimos um homem sendo carregado para dentro de um carro. Eu ainda perguntei a minha prima o que acontecia e ela que conhecia o rapaz disse-me que sofria de constantes desmaios. Anos se passaram e em janeiro de oitenta eu voltei a Ouro Fino e numa tarde de domingo fui a missa sozinho na mesma Igreja e comecei a lembrar daquele fato que ocorreu com aquele rapaz e de repente uma mulher que estava a minha frente caiu desmaiado ao mesmo instante em que eu lembrava do moço e eu assustei achando muito estranho.

15
Narração
Narrar um acontecimento engraçado, triste ou estranho
"Um acontecimento engraçado"

Certo dia convidei um amigo meu para vir ao clube comigo. Ao chegar ao clube jogamos futebol, baskete, até que resolvemos ir a piscina. Quando chegamos a piscina, meu amigo ficou na beirada apenas pondo o pé na água, observando esta cena tive a idéia de lhe pregar um. Cheguei perto dele e dei-lhe um empurão, só que foi nesse momento que eu lembrei que ele não sabia nadar e fui correndo socorre-lo. Após quase morrer afogado meu amigo teve folego ainda para correr duas horas atrás de mim.

Provavelmente esta foi a última vez que tento pregar uns susto a alguém.

16
Narração
Narrar um acontecimento estranho, engraçado ou triste

Certo dia fui jogar um torneio de tênis em Piracicaba. O jogo estava marcado para as 20:00 horas, mas como atrasou um pouco, joguei mais ou menos às 21:30.

Entrei na quadra e logo vi meu adverssário, um preto muito mal encarado. Comecei ganhando o jogo, mas depois, como já era 23:00 o adversário começou a roubar no jogo e me deixando nervoso e sem poder jogar. Eu não aguentava mais ver a cara dele, comecei a odiar os negros. Resultado perdi o jogo.

Mais ou menos, 23:30 sai do clube para ir à Rodoviária. No caminho encontro um negro pedindo dinheiro, mas como eu não tinha, ele roubou minha sacola, raquete etc. Eu já estava quase morto de cansaço e de raiva dos pretos.

Fui pegar o ônibus e não tinha mais, só no dia seguinte. Tive de dormir na rodoviária e esperar até às 5:00 da manhã.

Quando estava dormindo no banco da rodoviária um velho homossexual, negro, feio e tudo mais, queria fazer um "programinha" comigo, mas como não sou disso, recusei a proposta. Fui dormir numa escadaria escura longe dos negros.

Lá pelas 5:00 da manhã, acordo e vejo uma grande multidão de pessoas, todas negras, dormindo ao meu lado.

Eu já estava à ponto de ser racista, pois não aguentava mais ver as "negraiadas".

Só percebi que não tinha nada contra os negros, quando cheguei em Campinas, peguei um taxi (com um negro), e percebi, que a minha casa tinha sido assaltada (por brancos), e minha mãe havia desmaiado. O motorista levou minha mãe ao hospital e não cobrou nem a bandeirada.

Por isso é que eu acho que todo mundo é igual hoje em dia, negros, brancos, etc...

17
Narração
Narrar um acontecimento estranho, triste ou engraçado

O fato ocorreu num dia próprio mesmo para o acontecimento, um dia chuvoso.
Eu e meus colegas fomos em um velório de um amigo meu, mas o falecido era seu pai.
Ao chegarmos estava todos muitos tristes, chorando pelo acontecimento ocorrido.
Nós nos reúnimos na cozinha da sala e começamos e pensar em alguma coisa para deixar as pessoas mais contente um pouco.
Nisso um colega meu, o mais louco da turma abriu a porta do armário e encontrou um litro de pinga, discretamente com a desculpa do tempo estar chuvoso e um pouco de frio nós começamos a dar pinga aos homens e senhoras que estavam presentes, depois de alguns minutos o litro de pinga estava vazio e todo mundo rindo, contando piadas esqueceram-se do velório do pai do nosso colega.
Um conselho que eu dou as pessoas dona da casa onde é feito o velório é servir "pinga" em vez de café.

18
Narração
Narrar um acontecimento estranho ou engraçado ou triste

Existe uma cidade, próxima de Campinas, chamada Atibaia. Nesta cidade, em determinada época do ano, são realizados campeonatos de Asa Delta.
Por ocasião de um desses campeonatos, meu pai, irmãos e eu decidimos ir assistí-lo.
Chegamos ao local, uma enorme montanha de pedra (Pedra Grande), e decepcionados, soubemos que o campeonato fora adiado. O vento no topo da pedra era muito intenso e sua direção desfavorável para o vôo.
Entretanto não perdemos a viagem, pois, as orquídeas, parasitas existentes na pedra, estavam em época de floração e aproveitamos a ocasião para colher algumas.
Juntamente com outros turistas colhemos várias espécies.
Só que algo muito desagradável veio interromper nosso hobby.

Um dos turistas, de mãos dadas com sua mulher e sua filha, escorregou no musgo da pedra; e rolaram os três pedra abaixo.

Todos, numa atitude solidária, correram para auxiliá-los, mas voltaram apenas com uma mulher, uma criança e um corpo. Era o corpo de um homem vivo a momentos atrás, que, na queda, sofrera um trauma craniano.

Realmente, foi um passeio com um triste desfecho.

19
Narração
Narrar um acontecimento estranho, engraçado ou triste

Em março do ano passado, numa cidade chamada Mato Dentro, aconteceram coisas muito estranhas.

Todas as sextas-feiras, as pessoas que passavam perto do cemitério não viam aparições.

As bruxas ficaram em suas caverninhas, porque as vassouras pifaram, e suas mágicas maléficas, davam ao contrário, ou seja, ocorriam coisas boas as pessoas visadas pelas magas.

Na floresta, sempre muito perigosa por seus animais muito ferozes, estava tão calma que se podia dormir sossegado, à uma clareira.

E, nesta cidade, ficou uma interrogação no ar: "o que aconteceram naquelas sextas em que tudo o que era ruim para a cidade, acabaram se tornado coisas boas?

20
Narração
Narrar um acontecimento estranho/ou engraçado/ou triste

Um fato triste que aconteceu comigo foi quando a Ponte Preta perdeu o título de campeão paulista de 77, quando o jogador Rui Rei vendeu o jogo. Tudo indicava que a Ponte Preta seria campeã mas aconteceu tudo ao contrário com ela perdendo o título para o Corinthians.

E a dose se repetiu outra vez em 1979 contra o mesmo time, o Corinthians, mas desta vez ninguém vendeu o jogo, nesta ocasião, eu tenho que admitir que mesmo sendo torcedor da Ponte Preta, admito que naquela época o time não estava em seu 100%, isto é, não estava bem.

21
Narração
O Acidente

Uma coisa que sempre me assustou e ainda me assusta é acidente automobilístico em qualquer circunstâncias; mais grave ou apenas uma batida normal. E foi nesse clima que eu participei de um acidente envolvendo um carro, no qual eu estava e uma motocicleta, onde haviam dois rapazes. É difícil reconhecer, mas se teve algum culpado nisso fui eu, que por uma falha incrível quase acabo com a vida de um rapaz. Ainda assim tive um pouco de sorte, pois o acidente aconteceu em frente a minha casa e pude, socorrer os dois rapazes apesar do estado de choque em que eu fiquei, mais tarde fiquei sabendo que um dos rapazes quebrou as duas pernas e teve um afundamento do queixo, o que me deixou profundamente abalado.

Apesar do susto que nós três passamos, ficou uma lição marcada para nós, principalmente para mim que não tenho habilitação e para o rapaz da moto em identica situação a minha.

22
Um acontecimento no trem

O trem estava correndo velozmente, numa tarde de verão. Os passageiros estavam sentados nos seus lugares olhando para as paisagens que iam ficando para trás. Num canto estava viajando uma família, de classe média. O pai estava cochilando e a mãe, de expressão cansada estava distraída olhando para o vácuo. O filhinho que parecia não ter mais que cinco anos estava brincando à janela do trem.

O trem corria... ia atravessando o campo, pontes, vilas e túnel... Tudo ficou então escuro. Todos passageiros ficaram por um momento receosos, um tanto angustiados esperavam sair de novo para luz.

Avistou-se então um menino com cabeça deceptada no chão, ensanguentado. Era o filhinho do casal pobre que brincava à janela do trem. Ele tinha posto a cabeça para fora enquanto o trem passava pelo túnel.

Um grito estridente encheu o ambiente...

23
A Bomba

Tic-Tac, bummm...

Quase todo os especialistas em bombas da polícia militar morreram neste incidente, onde só sobreviveram o Detetive Dito e o especialista Estalo que nos contaram esta triste estória.

24
Narração de um acontecimento engraçado e estranho

Fim de férias, seis horas da manhã e D. Chica entra no quarto de Joãozinho e o chama, que depois de muito ser chamado, levanta. De início com preguiça e muita vontade mas ao se lembrar de que era dia de ir ao colégio, rever os amigos e contar vantagens, a preguiça some.

Joãozinho toma o seu café da manhã, pega um caderno e sai correndo em direção ao colégio.

Mas nessa corrida percebe que está sendo seguido por um cachorro branco com algumas manchas pretas.

Joãozinho tentou fazer com que o cachorro parace de o seguir, mas não houve jeito o cachorro o seguiu até o colégio e o esperou na porta da classe e mal Joãozinho saia da classe e o cachorro ia atrás.

E Joãozinho não resistiu e levou-o para casa e lhe deu um nome, e é justamente aí que surge o mais engraçado e estranho de toda a estória, Joãozinho deu seu próprio nome ao cachorro, o qual se tornou seu melhor amigo.

25
Narração de um acontecimento:

Um fato que achei estranho, foi uma reportagem que li no jornal, que foi mais ou menos assim:
Um rapaz foi baleado pelas costas e a bala viajou pelas veias e saiu pelo dedo, este foi o fato mais estranho que já vi.

26
Narração: Uma tempestade

Durante o dia o tempo estava formando chuva, mas o dia inteiro ficou assim, sem sair sol.

A tarde o céu ficou escuro e começou a ventar forte que parecia que o vento ia levar agente quando se saia a rua.

Logo em seguida começou a cair uns pingos de chuva e cada vez mais forte, depois começou a cair pedras e mais pedra.

Os relâmpagos e trovões eram cada vez mais forte.

Num dado momento cai um raio e pega no fio da televisão, queimando e dando um susto enorme.

A chuva em vez de parar parece que cada vez aumentava mais e as pedras também.

Foi a noite toda uma agonia e só de madrugada é que a chuva parou e que deu para ver os danos que a tempestade causou.

27
Narração de um acontecimento estranho

Em uma pensão na cidade de Pirassununga vivia uma moça que se chamava Anita.

Naquela pensão essa moça era mal vista pelo dono do imóvel.

Anita saía muito, chegava muito tarde por isso D. Rosa proprietária da pensão achava Anita uma vagabunda.

Entretanto a umas duas semanas pra cá, Anita estava agindo muito estranho. Não comia, tinha pesadelos e até não conseguia trabalhar.

Sua única amiga era Maria a empregada. A Maria, Anita contava tudo que lhe acontecia.

Um dia quando Anita foi dormir, não conseguiu pois sonhou que estava caindo em um precipício, e foi acordada por Maria lhe chamando.

Pensou ser o cansaço, mas no outro dia ela se deitou para dormir e teve uma visão; viu um homem que tentava pegá-la e levá-la embora. Anita começou a gritar.

Então Maria novamente acordou-a.

Todas as noites se sucederam este fato, Maria achava que Anita tinha um espírito encostado.

D. Rosa achava Anita uma vagabunda ainda.

Um dia porém antes que Anita chegasse tinha uma mulher esperando-a.

Quando Anita chegou aquela mulher desconhecida disse vir buscar Anita para ir embora. Anita começou a chorar, a mulher disse ser sua mãe, mas a mãe de Anita já era falecida.

Aquela mulher disse então que Anita havia morrido porém seu espírito recusava a ir para o outro mundo, não queria aceitar a morte.

Ela tinha que ir com ela, ou senão aquele homem, que era um espírito mau, ia levá-la.

Anita conformada seguiu aquela mulher.

Maria ficou muito sentida e D. Rosa passou a crêr no sobrenatural.

28

Eu tinha uns 10 anos quando fui para a casa de uma tia, que mora em um sítio na cidade de Itápolis.

Era umas 7 horas da noite quando nós, meus primos tios e meus pais estavamos jantando, lá na casa dela não tinha luz elétrica, minha tia levantou-se para pegar uma panela e quando ela voltou para sentar-se, meu primo que era um rapaz muito endiabrado, tinha apenas uns 20 anos, ele tirou a cadeira onde ela estava sentada, sem perceber que a cadeira havia sido retirada, ela sentou mas não onde ela pensava que ia sentar, quando de repente ela soltou um grito; ela tinha caido com tudo no chão.

29
Narração de um acontecimento

Um fato que abalou quase que praticamente o mundo inteiro, foi o assassinato do Presidente do Egito, Annuar Sadat ganhador do Nobel da Paz de 1980 por ter restabelecido a Paz entre o Egito e Israel que por vários anos se odiaram por uma causa que poderia ser evitado, custando-lhes ambos os lados milhares de vida.

Atualmente restabelecida a paz está havendo a entrega das terras conquistadas por Israel por meio de acordos assinados por ambas as partes.

Foi um assassinato de certo modo covarde praticado por um certo grupo de fanáticos religiosos que não concordavam com o meio de governo que era regido o país. Em alguns países vizinhos houve até comemorações pela morte do Presidente do Egito que fora assassinado com vários de seus colegas de cupula.

30
Narração de um acontecimento: Estranho

So acostumada a assistir todos os tipos de filmes desde os filmes românticos até os mais pavorosos possíveis.

Era uma sexta-feira ia passar um filme repetido na T.V. e eu já tinha assistido, mas quis ver novamente.

O filme se chamava "A Vingança dos Mortos".

O mais pavorante deste filme foi quando a medium Mamãe Detrex chama por um espírito e este convoca seu exército que são os mortos; para vingar a morte do namorado da moça que os procura.

Depois que o filme acabou passaram-se outros filmes, mas eu não conseguia me esquecer, aquilo ficou em meu pensamento.

Quando ia tentar dormir não consegui, ficava lembrando os gestos, as risadas tudo do filme que assistira.

O que eu achei mais estranho em tudo isto foi que quando assisti pela 1.ª vez não tive medo nenhum e quando assisti pela 2.ª vez senti um medo muito grande; Porque não posso explicar.

Estranho não?

31
Narração de um acontecimento

Joaquim estava noivo Georgina. Georgina avisava a ele que só se casaria com ele quando tivessem uma casa própria.
Casaram-se e não tinham casa própria.
Quando chegou o Natal, Georgina deu um presente a Manoel; ele recebeu o presente mas ficou pensativo e perguntou a ela como ela havia conseguido dinheiro para o presente, pois eles viviam na mais dura pobreza. Ela disse, toda sorridente que havia economizado dinheiro para comprar a casa própria deles, e ainda havia sobrado para o presente dele.
Mas, ocorreu outra idéia: A idéia de vir para o Brasil, pois eles eram portugueses. No começo, Georgina não concordou, mas depois acabou concordando.
Chegando no Brasil, vieram para o Rio e foram morar em um barraco de 3 cômodos. A mulher ficou desanimada, mas Joaquim disse a ela que não ficasse daquele jeito, pois muitos conhecidos que haviam vindo para o Brasil estavam ricos agora.
Passado alguns anos a mulher apresentou nova quantia em dinheiro para a casa, mas o marido comprou um bar.
Por incrível que pareça, a mulher conseguiu juntar dinheiro para comprar a casa do vizinho, mas havia o açougueiro que queria comprar a casa. Quem viesse com o dinheiro primeiro, ficava com a casa.
Joaquim foi buscar o dinheiro, logo, pois só tinha prazo até as 3 horas.
Ele saiu às 2 horas. Deram 2:30 não chegou, 2:35, 2:40, 2:45, 3:00 horas e ele não chegou, nem às 4 e nem as 5 horas. O açougueiro comprou a casa. A mulher estava desesperada com a demora do marido.
Finalmente ele chegou às 7 horas.
Ela perguntou a ele o que havia acontecido. Ele respondeu que tinha ido ao banco e passou numa loja.
Na loja a escada rolante quebrou e ele estava nela, e ele teve que esperar para consertar para sair dela.

32

Numa noite eu e minha família estavamos assistindo a um fIlme na T.V., quando ouvimos um grito.

Saimos a rua e não vimos nada, até os vizinhos que também ouviram, sairam a rua e também não viram nada.

No dia seguinte todos comentavam o fato e ninguém sabia explica-lo.

Varios dias se passaram e ninguem soube realmente o que acontecera, e o fato foi esquecido. Passado um mes, ficamos sabendo que naquela noite uma senhora havia morrido, e a filha de desespero começou a gritar pela mãe.

O caso foi solucionado, mas o susto valeu.

33
Narração de um acontecimento: estranho

Isto ocorreu há muitos anos com o meu pai, qdo ele ainda morava em S. Paulo, na casa de minha avó.

Era de madrugada e meu pai não conseguia dormir, então ele foi a cozinha beber água. Qdo ele passava pelo corredor apareceu um vulto de mulher.

Meu pai nem se preocupou, porque pensava que fosse minha avó.

No dia seguinte, meu tio, irmão de meu pai, que estava doente, morreu.

Aí meu pai ligou os fatos e perguntou à minha avó se na noite passada ela passou pelo corredor e Ela disse que estava dormindo.

Então meu pai descobriu que aquele vulto era o guia espiritual da família e que foi avisar a meu pai que meu tio iria morrer.

Conheço muitos casos de espiritismo e acredito que haja uma 2ª vida além dessa e que já fomos várias pessoas do passado.

34
Que dia!!!

Nada mais engraçado (ou triste), dependendo do ponto de vista, como um lustre caindo na cabeça de sua amiga.

Foi tudo bem rápido. Será?

Estavamos conversando, eu e uma amiga em sua casa, sem pensar, é claro o que a esperava. O papo estava bom, risos e alegria, naquela noite de primavera. Ela então me contava as alegrias tidas naquele dia e que as surprêsas foram muitas, todas muito boas. Ela estava feliz, afinal não é sempre que se tem um dia divertido e feliz. Até que ela me perguntou por quê eu estava meio calada e me achava triste e aborrecida com alguma coisa. Respondi-lhe que não, pois estava tudo bem, e que eu estava só meio cansada.

Foi então que de repente, não mais que de repente, o lustre caiu-lhe na cabeça.

Ela não sabia se ria ou se chorava. Numa dessa eu comecei a rir sem parar e ela chorava e eu ria e ela chorava e eu...

Por aí você vê que tudo que é bom dura pouco. O que ela estava alegre de dia, chorou a noite. E eu...

Mas as surprêsas daquele dia, ela continuou a tê-las.

35
Narração – O Assalto

Eu estava fazendo as minhas compras costumeiras na feira, quando de repente, uma velha senhora começou a gritar:

– Pega ladrão, pega ladrão!

Eu assustada parei e fiquei esperando as pessoas que lá estavam se aproximarem, pois, ela estava apontando para mim. Estava irritada e indignada; onde já se viu ser acusada de roubo. A velha senhora também se aproximou e disse:

– Bem mocinha, onde está meu relógio?

Ao que eu respondi:

– Minha senhora, esta acusação é imperdoável e eu pretendo processá-la por calúnia.

Continuamos nesta discussão por quinze minutos. E então, a vendedora de pastel veio correndo com o relógio na mão. A pulseira tinha arrebentado ele havia caído ao lado da barraca de pastel.

A velha senhora se desculpou. E insistentemente convidou-me para um lanche em sua casa. Reluntante eu aceitei.

Chegando lá ela foi preparar o lanche e me deixou a sós por um tempo. Vi um belo relógio sobre o console e pensei "Agora eu vou rouba mesmo". Deixei-o no bolso e a esperei. Mas para meu azar logo que ela entrou o relógio despertou.

Então eu acordei. Precisava vir para a aula.

36

Caminhava num gramado verde, sem destino, quando derrepente o céu de um lindo azul se transformou num escuro céu cinzento.
As crianças que brincavam um pouco além de mim foram para suas casas, pois começava a chover.
Continuei vagando sem rumo, quando a pequena chuva se transformou numa tempestade horrivel, e as pessoas pouco a pouco foram se transformando em estátuas de pedra e somente se salvariam as pessoas que entrassem numa igreja, e eu estava consciente disso.
Minha mãe não acreditava e eu queria salvá-la, cheguei a dar-lhe um tapa no rosto, mas ela não saiu de casa e se transformou numa estátua.
Eu estava atordoada, mas não sabia o que fazer, entrei numa igreja e lá também vi estátuas de pessoas que não tinham fé.
Um homem todo vestido de preto surgiu do nada e tocou nos meus pés e eles começaram a pedrificar e num sobressalto eu acordei.
Tudo não passará de um pesadelo.

37
Narração de um acontecimento engraçado

Certo dia minhas amigas me convidaram para ir a um baile na festa das bruxas. Todas teriam de ir vestidas parecidas como uma bruxa.
Fizemos as fantasias com um pedaço de pano velho preto, sairam muito engraçadas.
O baile estava marcado para as oito horas num domingo. Quando chegou o dia, na hora de nós nos vestirmos, olhamos uma para outra e caímos na gargalhada, pois estavamos muito engraçadas com a fantasia, que parecíamos verdadeiramente umas bruxas. Estavámos atrasadas, e não tínhamos condução, ficamos no meio da rua acenando para os táxis que passavam, mas, nenhum paravam, pois estavam ocupados.
A sorte nossa foi que apareceu um colega nosso e ele nos levou para o local da festa.
Chegando lá, o baile começou e nos divertimos muito, a noite estava enluarada.
Quando o baile acabou todos foram embora, mas nunca irão se esquecer daquele baile engraçado que foi.

38
Narração de um acontecimento: engraçado

Era uma sexta-feira, à noite eu estava no quintal de casa. Quando de repente comecei a ouvir um barulho estranho, mas muito estranho mesmo. Olhei para o céu para ver se era lua cheia, pois acredito em lubisómem, mas porém o céu estava nublado e não dava para ver.
De repente ouvi passos e rugidos, acho que fiquei branca, pois senti muito medo. Quando o medo passou fui ver o que era, não era. Apenas o meu gatinho que estava brincando com uma bolinha de papel junto com o meu cachorrinho.
Entrei em casa, liguei a televisão e comecei a assistir um filme, e para minha "felicidade" era um filme de terror *O túmulo do vampiro*, no canal sete, Record.

39
O Desastre Doce

Foi na ida para Caraguatatuba, na Rodovia Dutra.
Eu e minha família estávamos indo para umas férias de uma semana; esperavamos uma semana divertida, com passeios, amizades e um bom descanso, mas foi no caminho para lá que vimos acontecer um desastre dos mais esquisitos do ano, pois mesmo tendo muitas vítimas e até mesmo mortes foi um desastre doce.
– Um desastre doce? disse uma voz meio feminina.
Um senhor respondeu
– Elementar, cara senhora.
– Mas como foi o desastre?
– Foi um maior "barato" dona. Eu estava vindo com a minha lambretta "numa nice", quando de repente ouvi um barulho meio estranho atrás de mim; olhei e vi um caminhão e um jeep. O jeep estava cheio de ripes, um mais louco que o outro e o caminhão cheio de açúcar e vidros de mel. Daí o desastre doce

"Fim"

40
Narração de um acontecimento

Numa tarde de domingo minhas irmãs e eu fomos na casa de uma tia no bairro do taquaral (ela mora em uma casa de esquina).
Eram aproximadamente 15:00 horas nós estavamos na sala ouvindo música quando ouvimos um barulho muito forte lá fora. Corremos lá para ver o que havia acontecido e vimos que era um carro que tinha batido no poste entrado com tudo na casa de minha tia.
Meu tio muito nervoso abriu a porta do carro e tirou o motorista para fora. O motorista estava todo ensanguentado, estava quase morrendo. Aí eu telefonei para a policia e para um hospital pedindo uma ambulância.
Passou uns minutos a ambulancia chegou mas só que um pouco atrasada: o homem já havia morrido.

41
Redação:

Em um feriado que passou, fui à uma fazenda. Uma fazenda antiga, que pertenceu a D. Pedro II e foi doada ao Barão de Ataliba Nogueira, avô de uma amiga minha.
Nesta fazenda, muitos fatos estranhos aconteceram. Entre eles, aconteceu um, comigo estando lá.
Numa noite, ao ir dormir, escutei alguns barulhos em meu quarto (o quarto de hóspedes), mas nem liguei pois não acredito em "histórias fantasmagóricas", mas tudo bem. Quando deitei, a porta de meu armário, abriu como se algo a tivesse aberto, pois tranquei-a antes de deitar. Ainda não ligando, voltei a dormir, so que desta vez, uma "força estranha" havia aberto a minha porta, que também estava fechada.
Apavoradamente, levantei de minha cama e fui ao quarto de minha amiga. Contei-lhe a minha história e daí, ela me disse que muitos fatos deste tipo já haviam acontecido, mas que ninguém até hoje havia conseguido decifrar estes mistérios. Foi tudo muito estranho. Comecei a acreditar nestas "histórias". E nunca mais coloquei os pés naquela "mansão dos horrores".

42
Redação: Narração

Era um lugar lindo como nunca tinha visto antes.
Estive em uma fazenda no último fim de semana, por onde

passava via coisas lindas, os passáros de lá pareciam mais alegres e dispostos a cantar, as árvores coloridas de flores e frutos, enfim, tudo era lindo.

A casa era uma das mais bem dotadas de bom gosto que já conhecí, era uma casa pequena, simples; mas muito bem escolhida e decorada.

Lá haviam cavalos, vacas, patos e galinhas, até os animais de lá pareciam diferentes. Não hesitei em entrar no lago, uma água límpida e pura como uma nascente.

É! Parecia um paraíso, um paraíso onde tudo era vida e beleza.

Mas, pena que o dia ia se acabando e eu tive que voltar para casa, e o que é pior enfrentar uma desdenhosa segunda feira.

43
Narração de um acontecimento triste

Era dia de meu aniversário, tudo era festa, tudo era alegria. Eu ia fazer quinze anos, uma data que ninguém esquece.

Uma semana antes minha mãe e meu parentes já haviam começado a preparar tudo para minha festa.

Mandei fazer um vestido branco, realmente era maravilhoso, paguei por ele o que talvez minha mãe não pudesse pagar mas eu sou a filha mais velha, então tudo o que eu queria foi feito para me agradar.

A festa seria as 20 hs de um sábado.

Eu me levantei cedo estava muito alegre por que havia chegado o dia que eu tanto esperava. Fui ao cabeleireiro me arrumei, como nunca havia me arrumado.

Enfim chegou a hora todos os convidados haviam chegado e eu entrei estavam todos me esperando.

Depois de algum tempo que a festa havia começado entrou um rapaz com uma arma na mão e disparou-a.

Infelizmente acertou alguém e este alguém fui eu.

Foi uma confusão total, me pegaram e me levaram a um hospital e tudo acabou aí.

Todos os meus sonhos de um dia maravilhoso acabou em uma mesa de operação.

Graças a Deus eu não morri, mas eu ficou marcado dentro de mim.

44
Redação: Não apaguem as luzes, por favor!!!

Francamente eu nunca senti tanto medo em toda minha vida, tudo por causa de um filme.

Nas férias de julho, duas primas minhas vieram ficar uns dias em casa, elas são de V. Gde. do Sul. E elas não tem medo de dráculas, vampiros, múmias, eu e minhas irmãs pelo contrário só de vermos o comercial do filme já não dormimos.

Fui numa quinta-feira, muito fria que sem coragem de sair para passearmos, resolvemos assistir T.V., e por azar era filme de terror, o nome era "A volta do Dr..." qualquer coisa assim, eu pensando que não fosse tão terrível e querendo dar uma de forte, assisti ao filme junto com minhas 2 primas e 3 irmãs.

Quase morri de medo e comigo minhas irmãs, enquanto que minhas primas riam de nós.

O tempo passou, elas foram embora, e até hoje nós 3 dormimos com as camas emendadas, não dormimos com a luz apagada e não ficamos sozinha em casa nem durante o dia.

Quanto a televisão, os canais trêze (Bandeirantes) e sete (Record), nas quintas e sextas-feiras para nós não existe.

E as minhas primas devem estar até hoje rindo de nós, e chateadas porque naquela noite ninguém dormiu, pois nós ouviamos passos, vozes, janelas batendo e ficávamos conversando, de medo de dormir e o drácula nos pegar.

45
Narração
Um fato pitoresco que aconteceu em sua vida

Um certo dia não me lembro bem dia ou ano, mas sei que era mês de junho porque era frio rezavam terso e acendia fogueira, depois do terso dos fogos e de ter tomado quentão eu e mais alguns colegas ficamos perto do fogo conversando até mais tarde.

Foi ai que um deles disse: eu tenho bastante pomba em minha casa alias não está em minha casa, elas acostumaram na casa do vizinho e só da dor de cabeça que tal nos açarmos algumas neste fogo. A principio não acreditamos muito nêle mas como já estavamos com fome e aquelas brasas estava no jeito fomos pegar as pombas que estavam na casa do vizinho, foi um trope, um pega daqui outro de lá acabou quebrando algumas telhas e o pior não foi nada não deviamos acreditar mesmo as pombas realmente não era dele e sim do vizinho, ai sim a correria foi maior um senhor de uns 35 anos apareceu com um pedaço de pau de um metro mais ou menos de comprimento distribuindo pancada para todos os lados.

Depois de ter passado o susto e ter acalmado tudo voltamos pra perto do fogo que ainda estava aceso a fome apertou mais foi então que um disse que tal nós assarmos uma galinha, outro respondeu uma bôa idéia mas onde vamos encontrar galinha, virou o outro e disse na minha casa tem mas ninguem vai pegar, depois de muita discussão ele disse então vai apanha uma preta que dorme no chão perto da cozinha, fomos nos apanhamos a galinha quando chegamos na rua que a galinha viu a claridade vuou ganhou a rua e saiu correndo foi outra correria pra pegar, pegamos assamos mais ou menos e comemos.

O importante é que ao depenar a galinha tivemos o cuidado de jogar as pena ao fogo mas como estava ventando elas voaram e cairam fora; no dia seguinte sentindo falta da galinha a dona maria que morava perto de onde foi feita a fogueira viu as penas da cocota como ela a chamava.

Ai sim que pagamos pelo que fizemos, apesar de pagar a galinha tivemos que pedir desculpa para a dona maria alem de levar uma tremenda surra de meu pai.

46
Narrar um acontecimento engraçado na sua vida

Nesta narrativa vou contar um acontecimento, que para mim foi bastante engraçado, por pensar que muitas pessoas são sabem e têm medo de aprenderem.

Quando estava com 10 anos de idade, costumávamos eu e meus colegas irmos para uma represa tomarmos banho, todo o fim de semana, eu não sabia nadar, só tomava banho na parte em que a água não me cobria. Um certo dia, um colega de meu irmão mais velho, que já tinha seus vinte e dois anos mais ou menos, aproveitou um discuido meu, quando estava em pé na beira da represa, me pegou pela barriga e jogou-me dentro da represa, para alegria e surpresa minha comecei a bater com os pés e mãos e consegui chegar do outro lado da reprêsa. Não é um fato que pode-se dizer que seja pitoresco. Mas acho eu que seja engraçado, porque o rapaz que me jogou dentro d'água não estava ciente que eu sabia nadar ou não.

Por esse motivo eu acho um acontecimento engraçado. Por que muitas pessoas tentam aprender e não conseguem e o que ocorreu comigo foi um fato de chamar a atenção de qualquer um.

Naquele dia cheguei em casa cansado de tanto nadar, por que queria me satisfazer de toda aquela alegria que tinha dentro de mim.

47
Redação. Um fato engraçado.

Certo dia resolvi ir ao cinema e convidei a minha namorada, então combinamos para que eu a esperasse no ponto de onibus. Cheguei um pouco adiantado e fiquei esperando-a, derepente chega uma bela moça morena, de olhos verdes muito bem vestida, e não houve quem não desse uma olhada para ela, quase nem acreditei pois a moça começou a me olhar e ficamos algum tempo paquerando só de olhares.

Quando minha namorada chegou, foi diretamente comprimentar a bela morena, que logo veio me apresentar dizendo que era sua prima fiquei gelado, não consegui esconder a vontade rir porque também a morena fez uma cara tão engraçada misturada com espanto, que quando fiquei sózinho comecei a rir.

48
"Narre um acontecimento engraçado que aconteceu em sua vida"

Tudo aconteceu quando ajudava meu pai na construção de nossa casa. Enquanto ele acentava tijolos eu fazia massa e carregava tijolos. Os tijolos estavam amontoados no mesmo local à muito tempo e por este motivo havia surgido muitos escorpiões por baixo das pilhas de tijolos.

Devido ao corre-corre de fazer massa e carregar tijolos eu acabei distraindo e fui picado por um escorpião, no momento eu esqueci até que estava segurando os tijolos e soltei-os todos ao chão, em seguida sai correndo gritando de dor, todos estavam apavorados e minha irmã imediatamente se prontificou a levar-me ao pronto-socorro, tomei um banho as pressas e fui para o ponto de ônibus.

Enquanto esperava no ponto de ônibus eu sentia o veneno subindo em meu braço e morria de medo e não estar vivo no outro dia, pois eu sempre ouvi falar que veneno de escorpião dói vinte e quatro horas e se atingisse o coração era morte instantânea.

Felismente fui medicado a tempo e agora qdo me lembro do medo que fiquei de morrer devido a picada do escorpião, só consigo achar o fato engraçado.

49
Redação: Fato engraçado

Certa quarta feira, véspera de um grande dia de pagamento, fui convidado por um colega de serviço, para ir a sua residência, o qual iria dar uma comemoração de sua vitória, ele havia passado no vestibular da Unicamp.

Esta comemoração, iria se realizar no sábado após as 20:00 hs em sua residência situada no "Jardim do Lago".

Eu sabendo que era um lugar meio perigoso para se andar sózinho a esta hóra da noite, convidei mais dois colegas meus.

No grande dia, saimos as 15:00 hs e somente encontramos sua residência as 20:40 hs pois não sabiamos o lugar ao certo onde ele morava.

Nesta busca, fizemos um reconhecimento da área, a qual não era das favoraveis, notamos que um olhar torto para qualquer lado poderiamos chegar furados em casa.

Qdo encontramos a casa, foi uma grande descoberta, comemos e bebêmos, qdo estava-mos voltando despreucupadamente, dois elementos armados, nos encostaram a força em um muro, pediram o dinheiro e os relógios, por azar os tres tinham relógios e dinheiro, no qual, fomos obrigados a entregar sem reagir, pois eles estavam armados.

Na segunda-feira seguinte, na firma, meu colega chegou a mim, entregando os relógios e as carteiras, espantado perguntei: mas como?

– Eles tentaram me assaltar também, mas eu dei um pau nos palhaços, retomei o que eles haviam robado, alem dos objetos, eu descobri que suas armas eram de brinquedo.

– Após esta resposta nada fizemos além de rir.

50
O Sorvete

Em um sábado ensolarado quando voltava para casa da aula de laboratório, resolvi tomar um belo sorvete de chocolate.
Já na rodoviária dirigi-me à sorveteria e comprei aquele sorvete de dois andares depois fui embarcar. Eu levava muitos cadernos e livros e estava com as mãos ocupadas, se bem posso dizer eu estava muito ocupado e com um sadismo de devorar aquele sorvete saboroso.
Andei um tanto distraido pelo corredor e fui até a escada para descer a plataforma de embarque. Olhei o primeiro degral da escadaria e dei o primeiro passo para o degral posterior.
A escada estava muito movimentada e quando eu esta mais ou menos ao meio da mesma, resolvi dar uma mordida no sorvete e neste mesmo instante passou uma garota daquelas apressadinhas, correndo para não perder ônibus e deu aquela maior esbarrada em mim que fez o sorvete entrar pelos olhos indo até aos cabelos. Senti-me com cara de palhaço em plena filmagem de um filme cômico, e sem nada poder fazer começei a rir de mim mesmo. Esta sena foi um verdadeiro festival de risadas mesmo quando deveria estar nervoso por pasar aquele ridículo. Eu quase não conseguia limpar toda a sujeira que ficou de tanto que estava rindo.
Todos os que assistiram aquela sena se divertirão as minhas custas, mas em fim quem se divertio mais mesmo, fui eu com aquela cara de palhaço que fiquei.

51
Narre um acontecimento pitoresco que aconteceu em sua vida

Ao dezoito anos de idade, depois de ser dispensado do exército, eu precisava trabalhar, pois não poderia ficar dependendo de meus pais.
Naquela época não era tão difícil arrumar um emprego como atualmente, e depois de ir a algumas empresas, fui a uma loja de móveis com uma carta de apresentação do Senac.
Chegando lá, apresentei-a uma moça da loja e disse-lhe que queria falar com uma determinada pessoa, não me recordo do nome dessa pessoa pois faz muito tempo.

A moça disse-me que eu deveria subir uma escada, pois a pessoa que eu procurava estava no primeiro andar da loja.

Comecei a subir a escada, era estreita e seus degraus altos, não sei porque tive a idéia de apressar minha subida e o que é pior quis subir dois degraus por vêz.

Depois de subir alguns degraus dessa forma, errei um passo e tropecei, quase cai, depois de refeito do susto pensei que estava tudo bem, mas para minha surpresa percebi que a costura do lado de dentro da perna esquerda da calça, já não estava mais costurada, isto é, abriu-se deixando minha perna com um desagradável frescor.

Não me desesperei, pelo menos não muito, e continuei minha caminhada tentando bolar uma idéia o mais rápido possível, que me livrasse de um vexame quase fatal.

Por falta de opção ou inspiração, a única idéia que me ocorreu foi a de colocar o braço na frente e fingir que estava coçando-o.

Desta forma, meu braço ficava na frente do rasgo e eu estaria um pouco mais tranqüilo achando que as pessoas não perceberiam.

Chegando ao escritório falei com uma senhora que me deixou esperando por alguns momentos, como eu estava parado o rasgo na calça não aparecia pois minhas pernas ficavam fechadas, assim, podia deixar de "coçar" o braço.

Mas por ingenuidade daquela senhora, que não sabia da agonia em que eu me encontrava, ela me obrigou a andar pelo escritório, o que para mim era um suplício.

Depois tive que falar com o gerente da loja que explicou porque eu não servia para o cargo pretendido, pois eles desejavam um funcionário com conhecimentos de datilografia, escrituração fiscal, emissão de duplicatas, arquivo, etc., e o único curso que eu tinha era de datilografia. Na verdade eu estava muito pouco preocupado com o emprego, tudo que queria naquele momento era chegar em casa e me livrar da calça.

Sai da loja e na rua, andando entre tantas pessoas, a única saída era voltar a "coçar" o braço.

A distância até o ponto de ônibus não era grande, mas para mim parecia uma grande caminhada e enquanto eu andava e "coçava" o braço, olhava para as pessoas para saber se elas estavam percebendo meu drama.

Felizmente tive a impressão que ninguém percebia.

Entrei no ônibus lá dentro tudo se passou como na rua, minha única preocupação era a calça e sentei na primeira oportunidade que tive, pois, assim me livrava da posição incômoda de "coçar" o braço a todo instante.

Cheguei em casa me senti bastante aliviado, afinal, depois desse sufoco, me livrei de um grande vexame e nunca mais usei aquela calça.

52
O Sonâmbulo

Foi numa linda noite de sábado, mês de outubro, numa primavera magnífica, que junto com a turma programamos uma chopada. A idéia surgiu devido a monotonia dos bailes e das brincadeiras, estas que já estavam enchendo o... bem a cabeça, de cima.

Chegamos ao restaurante (denominado: Bar Gavoto) conforme o programado. Sentamo-nos às mesas, chamamos o garçon e pedimos a primeira rodada. Veio-nos, servimo-nos, acabamo-nas e outras chamamos. Sucederam-se várias, para que começassemos a ficar tonto. A bagunça era tal que, chamavam-nos a atenção. Acalmamo-nos pedimos uma outra (última) e saímos.

Ah.!! Que saída.

Cambaleamos, tropeçamos, mas conseguimos sair.

O caminho de volta foi uma bagunça total, tanto é que, tivemos que dar satisfação aos homens (se bem que eles queriam levar-nos).

Bem, papo vai, papo vem, as cabeças girando, passando pelas casas dos amigos que despontavam no caminho.

Chegamos até minha casa. Não quiseram entrar, alegando que já estava na hora de irem embora.

Entrei em casa, ou melhor, primeiro tentei achar o buraco da fechadura, buraco esse, que após muito tempo achei-o.

Abri a porta e lancei corpo adentro, quase cai. Bem. Como é praxe nas minhas madrugadas dirigi-me ao quarto de meus pais, bati à porta, cumprimentei-os (meio com medo) e sai. Dirigi-me à meu quarto junto à minha cama e comecei a me despir. Arrumei a cama e deitei-me.

Fui acordado às 9:30 da manhã por meu irmão caçula. Com uma dor de cabeça terrível dirigi-me para o banho. Terminei-o, troquei-me e dirigi-me a cozinha para um café.

De repente, meu irmão chamou-me à sala. La chegando, no meio de risos minha mãe explicou-me a razão dos risos.

Segundo ela, de madrugada, ela ouvira barulho no meu quarto e se levantou. Lá chegando encontrou-me conversando com o guarda-roupa. Falou-me o que era aquilo e lhe disse que iria trabalhar. Percebendo que eu estava dormindo deixou que eu continua-se a comédia. Dirigi-me a televisão e pus meus sapatos sobre o UHF. Voltei à cama deitei-me e dormi.

Acabada a explicação sorrimos, para em seguida tomar uma bela surra de meu pai pelo pileque do sábado.

53
Narre um acontecimento engraçado do que aconteceu em sua vida

O fato aconteceu em 1979, quando eu servia ao Exército brasileiro.

Antecedia alguns dias do feriado de 7 de setembro, eu figurava como soldado do NPOR, juntamente com trinta alunos e seis soldados.

Os soldados do NPOR, quase nunca desfilavam pois o serviço que possuíamos era geralmente o de Escritório e a fáxina.

No exército começava os ensaios para o grande dia de desfile, mas nós soldados do NPOR estávamos dispensados.

Dois dias antes do desfile uma companhia precisava de três elementos para que completasse o seu numerário de homens, a qual pediu ao nosso Capitão os elementos faltantes, que carregariam durante todo o desfile, metralhadoras que pesavam aproximadamente uns 12 (doze) quilos.

O Capitão chamou-me eu seu P.C. e pediu-me que arrumasse três voluntários para o desfile.

Juntei me aos meus companheiros e informei que precisava de quatro voluntários, sendo que eu já era um.

Depois de muita briga, par ou ímpar, arrumei os três voluntários.

Deslocamo-nos até à base de treinamentos, onde apresentei ao comandante da companhia os três voluntários que ele pediu, voltei para o NPOR, e aguardei a volta de meus companheiros que não gostaram muito do que fiz, até um deles me entregou ao Capitão, mas obteve como resposta que o "mundo é dos mais esperto".

Chegou o 7 de setembro, eu em casa, tranqüilo pensando como meus companheiros estariam cansados àquela hora, pois era um dia muito ensolarado e bonito, eu não podia desfilar.

54
Um fato engraçado em minha vida

Tendo eu passado no concurso para ingressar no colégio tecnico e industrial de Campinas – da UNICAMP, vinha eu rumo ao colégio, mais ou menos 21:00 horas assobiando alegre e sorridente, considerando-me inteligente e realizado, quando um grupo de mais ou menos 10 rapazes me fizeram a seguinte pergunta: – você passou no concurso da Unicamp, pergunta a qual eu respondi todo sorridente e na maior simplicidade... Sim!!!
A minha felicidade foi cortada quando após esta resposta eu fui agarrado e após pequenos barulho de tesouras o meu cabelo começou a cair. Após o corte de cabelo, começaram a me lambuzar de baton e tinta, e após grande obra de arte de autoria do grupo eu... mordendo de raiva e me sentindo como um idiota não me atreví a continuar a ida ao colégio me matricular e tomei ônibus, no qual sofri indesejáveis e arrogantes humilhações, que me derrubaram de meu antigo pedestal e só me fizeram sentir pena de mim mesmo e um sofrimento que me fizeram perder várias horas de sono.

55
Um fato engraçado em minha vida

Estava eu caminhando, tranquilamente, pelas calçadas de Campinas a festejar as belas paisagens como o Monumento a Carlos Gomes. Despreocupado com a vida, mas raciocinando com um grande e importante o que que seria e o o que serei, quando derrepente me deparei com uma cena, da qual, ri imensamente. Tinha acabado de chegar ao ponto, no qual parava o onibus apropriado para eu ir a minha casa, quando derrepente uma senhora ou senhorita, não sei ao certo, desceu do onibus, carregada de pacotes, e quis atravessar a rua apressadamente quando derrepente levou, talvez, o maior e mais engraçado tombo de toda sua vida.
Ela pisara em um pedaço de prancheta de acrílico, a qual é muito escorregadiça, e se desmoronara com seus pacotes.
Alguns que estavam perto foram ajuda-la. Eu propriamente, não, pois eu, desculpe a expressão, cheguei a agachar, de tanto rir.
Não é bom rir das desgraças alheias, mas que foi engraçado, foi.

56
Um fato pitoresco

Lembro-me do sr. Lino, velho simples, sistemático e pescador das beiradas do rio das Almas no estado de Goiás. Todos os dias no período da tarde, com os meus 14 anos, seguia-o à pescaria dos mandis, a qual me divertia bastante. Eram também nossos companheiros fieis, Campeão e Chimbica, dois cachorros "viralatas" de quais o sr. Lino era o dono. Víamos nos cachorros constantemente em nos seguir pela oportunidade de tomarem seus banhos nas águas frescas do rio.

Um certo dia, quando chegávamos nas beiradas do rio, tínhamos pela frente um pasto fortemente em declive, o que nos forçava a descer "engrenados". A alegria dos cães eram tamanha que, nessa descida, saltitaram tanto, acompanhando o sr. Lino (que ao mesmo tempo os advertia), quando num dado momento, embaraçaram os cães nas pernas do velho, jogando-o ao chão, fazendo-o rolar um bom trecho, embaraçando-se nas linhas das varas. A irritação do sr. Lino foi tamanha, que pegando os cachorros pelas pernas, lançou-os às águas como repúdio, mas percebia-se que os cães se contentavam, mais ainda do que a própria chegada, e o velho esbravejava...

Com todo respeito que tinha pelo sr. Lino o fato para mim foi divertido, pois sabia ser o velho um homem esperto e forte.

Este fato na minha molequice foi realmente pitoresco.

57
Narre um acontecimento engraçado que aconteceu em sua vida:

Era uma segunda-feira, e eu estava muito feliz porque conferindo o meu cartão de Loteria Esportiva tinha feito treze pontos.

Contei prá todo mundo prometendo presentes etc., porque domingo no Fantástico, o matemático havia calculado poucos ganhadores.

Mas tudo isso durou pouco, porque eu havia conferido o cartão da semana anterior com o resultado então, errado.

Eu não sei se prá vocês isso é alegre ou triste, pois no fim das contas eu não agüentei e ri. ("desculpe a minha falha").

58
Redação: Um fato pitoresco

Ocorreu este ano, quando, eu estava em minha casa, devia ser mais ou menos uma hora da manhã, quando meu irmão, chegando com o carro na garagem, viu alguém pulando no telhado de uma firma ao lado de minha casa. Ficando um pouco afobado; e sem saber o que fazer, ele entrou em casa e telefonou rapidamente para a polícia. Quando a polícia chegou até o local, eu fui até a sacada de minha casa para ver melhor e vi duas pessoas sobre o telhado tentando se esconder. Desci até o local onde estava a polícia e meu irmão, fiquei um pouco espantado ao ver os dois policiais armados com um fuzil cada um e avisei-os de que havia visto alguém naquele local tentando se esconder. Então os policiais, meu irmão e eu entramos por um terreno que havia entre a minha casa e a firma. Os policiais, de lanterna e fuzil na mão, subiram no telhado e sentaram sobre uma caixa d'agua, ficando assim melhor a vigilância. Um dos policiais disse: "Vamos ladrão, saia logo!" enquanto o procurava com a lanterna. Aconteceu que o ladrão, estando escondido na caixa d'água, ao sair causou um tremendo susto em um dos guardas que não mais estava sentado na caixa e sim perto dela, então com o susto o guarda quase desmaiou descendo do telhado correndo. O ladrão com mais medo ainda desceu da caixa

59
Redação: Um fato pitoresco

Um dia, após eu ter saido de ferias escolares, fui à cidade à fim de fazer algumas compras e também de passear. Fui a lojas, supermercados, etc... Em muitos lugares e de repente sem mais, sem menos, me lembrei de uma menina que foi muito minha amiga, amiga de verdade onde compartilhamos muitos dias alegres, maravilhosos, e muitos dias tristes. Era uma pessoa muito legal, havia conhecido-a numa festa de aniversário de uma outra amiga minha e ela também estava presente, pois era amiga da aniversariante.

Ela me apresentou e conversamos varias horas e nos conhecemos muito através da nossa conversa e planejamos nos encontrar mais vezes. Ela estava de ferias em São Paulo e logo retornaria a sua casa lá em Pernambuco.

E nesse período nos tornamos muito amigas.

Quando me recordava dela, ria de mim mesma, pois aconteceu uma coisa muito gozada, após a sua partida.

Toda vez que me lembro e penso nela, lembro-me disso.

Era um dia após a partida dela, que saí de casa para fazer compras como nesse dia que fui também vi-a lá numa lojinha, e pensei o que estaria fazendo lá, pois eu havia visto ela partir vi seus longos cabelo se balançando ao andar, tentei alcança-la, chamando-a, mas havia muitas pessoas andando e conversando por aí. E ela nem se virou e continuou a andar até desaparecer.

Procurei muito por ela, até que como por milagre a encontrei entrando numa outra loja. Encostei minha mão a seu ombro e chamei-a:

– Clara, ó Clara! Ela se virou e me sorriu.

Até hoje, não pude esquecer isso, mas o engraçado nisso tudo é que a pessoa não era a Clara, era uma pessoa desconhecida, muito parecida olhando-a de tras. E saí, me desculpando e apos alguma distância ri, ri e pensei: será que estou com tantas saudades de Clara, que até estou imaginando-a que ainda está aqui?

60
Redação: Um fato pitoresco

Aconteceu quando eu cursava o primario ainda, eu devia ter na época, uns 10 anos.

Era no fim do ano e das aulas e começo das férias e nesta aconteceu o fato.

Meu irmão, eu e mais dois vizinhos resolvemos sair de casa e ir a uma fazenda que ficava à uma hora de casa mais ou menos, era um bocado longe e o caminho dificil.

Assim que resolvemos, partimos para a aventura. Subimos morro, descemos, atravessamos mata, e eis que chegamos ao nosso destino com muita sêde e cansaço. Paramos para descançar um pouco e tomamos água, esta que foi trazida num cantil e além desse instrumento outros utensílios de "sobrevivencia" que na verdade eram de escoteiros.

Entramos na fazenda, vimos então que nessa fazenda havia um pico alto e o Cristo Redentor no alto deste. Nesse momento acho que tivemos a mesma idéia e essa idéia era nada mais nada menos que escalar o pico. E o mais interessante era que, para tanto, não tínhamos instrumento algum.

Ao redor do pico havia uma cerca de arame farpado e antes desse um pequeno lago, não tão pequeno este, mas tinha fama de haver muitos peixes.

Começamos a por em prática nossa magnifica idéia. Para passar pelo lago usamos uma ponte no qual passar mais de uma pessoa era arriscado. Depois passamos debaixo da cerca de arame farpado e começamos a subir. Nessas alturas do acontecimento, todos sem excessão, pelo menos eu, estavamos com um pouco de medo e durante a subida poucas eram as palavras. O morro tinha uma certa inclinação que permitia "escala-lo" agarrando-se nos matos e olhando para baixo me metia mais medo apesar da vista ser muito bonita e natural.

Subimos em fila e eu era o último na minha frente estava o meu irmão e depois meus dois colegas. De repente quando eu menos esperava, eu me agarro num mato e este se solta.

Eu levei o maior susto, mais meu irmão que estava atento me agarrou pela mão e me segurou e continuamos.

Quando chegamos ao alto, onde estava a estátua do Cristo redentor, apreciamos muito a vista e a estátua. Mas nessa apreciação da estátua, quando andavamos ao redor desta, vimos uma escada.

Ninguém sabia disso é claro, e depois dessa decepção descemos pela escada e fomos para casa.

61
Um fato pitoresco

Dia 28, 29 e 30 de setembro de 1980, realizou-se em Guaxupé o 1º Festival de Música Popular Brasileira com participação apenas de secundaristas.

Dentre as vinte e três letras estava "Conversão", defendida por Ronaldo e companheiros.

A letra, sendo de minha autoria e arranjo do seu defensor, foi apresentada entre espantos, surpresas e espectativas. Apesar de uma parte da letra censurada, fiquei satisfeito pela apresentação e comentários.

No terceiro dia, sua apresentação não foi das melhores o que causou perda de alguns pontos.

Apesar de falhas técnicas por parte da comissão organizadora e jurados esta não pegou classificação entre as três primeiras. Ficou em quinto lugar, o que causou revolta de vários torcedores e participantes.

Para mim esta foi uma experiência primeira que passei, a qual me deixou com esperanças e vontade de continuar a compor.

Me valeu, por a partir daí tive contatos com outras pessoas que até então não tinha.

Valdir o primeiro colocado com "A zagaia", enteressou-se pela minha letra, resultando um projeto de trabalho entre nós que foi interrompido por motivos escolares.

Para finalizar, já que o professor pede para entregar-mos a redação fiquei satisfeito com o resultado e também decepcionado pela desorganização do festival.

Redação: Um fato pitoresco

Era o primeiro ano primário e eu teria uma aula de comunicação e expressão. O sinal da escola "Chapeuzinho Vermelho" tocou e eu e meus colegas entramos na classe.

Comportadamente aguardamos a entrada da professora e quando entrou foi recebida de pé por nos alunos que após o – Bom dia – sentamos em nossas carteiras. Infelizmente não me recordo do nome da professora, provavelmente "Dona" alguma coisa, mas era a "tia".

Naquele dia ela iria nos ensinar a classe gramatical dos adjetivos e depois de escrevermos massante cabeçario e o título – Adjetivo – a tia com a mais simples das definições que a sua didática conhecia disse:

– Adjetivo é a palavra que da uma qualidade a um substantivo. E escreveu na losa um exemplo que era a palavra "feio", e completando disse: O leão é feio.

Quando eu ouvi ela dizer que o leão era feio, eu me queimei todo, porque para mim o leão era bem bonito, mas fiquei quieto ouvindo o que a professora acrescentava dissendo.

– O adjetivo nunca aparece sozinho.

Pronto, ai apareceu a minha oportunidade e levantei minha mão e disse:

– Aparece sim professora.

E ela sem entender muito bem o que pretendia perguntou aonde. Eu me levantei fui até a lousa e apontei aquele "feio" que ela havia escrevido e que até o momento esta sozinho no quadro negro, todos riram e eu voltei para minha carteira.

Redação: Um fato pitoresco

Há cerca de sete anos atrás, em uma pequena cidade paranaense iniciou-se a construção do primeiro edifício com mais de dois andares.

As pessoas estavam vislumbradas diante de tão "maravilhosa" construção. Muitas chegavam mesmo a sentir-se orgulhosas ao passarem defronte e admirarem a infinidade de pessoas e máquinas que trabalhavam na construção do "primeiro edifício com dez andares" da pequena cidade.

Muito se discutiu quanto ao nome do edifício.

– "Precisa ser um nome que marque presença" – diziam as pessoas.

Para resolver o problema do nome foi realizado um concurso, no qual os nomes eram enviados. O nome mais criativo e ideal, seria escolhido, e seria enviado um prêmio ao seu autor (ou autores).

Ora, o nome não poderia ser outro, se não "Edifício Pioneiro".

E assim terminou-se a construção do Pioneiro. Para a inauguração, realizou-se uma grande festa, onde estavam presentes as maiores autoridades locais.

Porém, poucos dias depois foi enviada uma carta, escrita pelo prefeito da cidade vizinha, e que era muito próxima, requizitando a destruição dos andares superiores do "Pioneiro", pois estes estavam prejudicando (para não dizer escondendo) o pôr-do-sol da sua cidade.

64
Redação: Um fato pitoresco

Há anos atrás, eu, meu pai e minha irmã mais nova fomos passear de trem. A minha irmã observava tudo, as placas, olhava toda a paisagem e não parava quieta.

Quando o trem parou em uma estação eu disse a ela que cidade estávamos. Porém ela não concordou e com toda categoria afirmou estarmos em "Mitório" e até mostrou-me a placa. Foi difícil convence-la de que havia lido a placa errada.

Durante a mesma viagem ela fez uma observação e disse: "Olha, esta vazando gasolina do trem". Bem até hoje não fiquei sabendo de algum trem que usa-se este combustível, portanto acho que o que ela viu não foi bem gasolina.

Em determinado lugar o trem parou e demorou muito, quando começou a caminhar apareceu um rapaz vendendo leite o que bastou para que ela dissesse que havíamos demorados porque estavam tirando leite das vacas que estavam nas proximidades.

Depois desta viagem cheia de tais observações comprovamos a imaginação que tinha minha irmã.

65
Um fato pitoresco

Era depois do jantar. Todos reúnidos na sala meu pai, minha mãe, meus tios, meus primos, meu avô e minha avó.

Todos estavam felizes. Crianças brincando, homens jogando cartas, vovô assistindo o seu programa de informação e vovó ajeitando tudos os objetos que nós tirávamos do lugar.

Eu era pequena ainda. Perto de onde eu brincava com meus primos havia uma lareira. Como era inverno esta estava acesa e nela crepitavam as chamas e era um calor enorme que ela me transmitia.

Como estava cansada de brincar fiquei bem na frente dela e comecei a pensar em mil coisas: brinquedos, travessuras, pessoas, mas alguma coisa estranha se passava, pois sempre a olhar para as chamas, eu via um rosto. Era o rosto de meu avô.

Passado algum tempo voltei a brincar e me esqueci de tudo o que ficara pensando.

Terminado o jornal meu avô disse "Boa noite" a todos, beijou todos os netos e foi dormir.

A alegria continuou mas foi abrandada porque agora meu avô dormia.

Eu e meus parentes quando a noite já ia alta nos retiramos e na casa só ficaram vovô e vovó que logo se deitou.

O dia amanheceu nublado, feio e eu sonhara à noite com meu avô. No sonho ele viajava para um lugar distante, muito distante.

Não tardou e uma trágica notícia chegou, meu avô havia falecido. De repente tudo mudou a alegria que ainda estava com todos transformou-se em profunda tristeza.

Com ele morreu um pedaço de mim. Pedaço que saiu de mim sem eu querer, sem eu perceber.

Ele se foi como um pássaro e com ele levou um pouco de todos e deixou muito de si.

A lareira continuou na sala e lá em frente desta ele estava para mim vivo, vivo como nunca.

66
Redação: Um fato pitoresco

Narrar um fato pitoresco, é narrar algo singular, que ficou lembrado pela comicidade da situação na época.
Lembro-me de meu primeiro dia no colégio, a dois anos. Todas as pessoas, lugares, que hoje me são familiares, me eram estranhos naquele dia. Esse dia foi algo de inusitado, completamente diferente do primeiro colegial que eu já havia cursado em outro colégio.
Nesse dia, o que marcou-me a memória foram os trotes, dados pelos alunos dos segundos e terceiros anos.
O dia foi passando, aos poucos os alunos da mesma sala foram se conhecendo melhor, foi criado um clima de união entre nós.
O medo pelos veteranos era coletivo, principalmente entre os rapazes. Já havíamos sofrido trotes, no dia da matrícula e estavamos todos de cabeça raspada excéto um.
Ninguém mais esqueceu o que aconteceu com esse aluno, na saída. Além do banho de ovos e tinta, seu cabelo foi cortado de uma maneira bem engraçada.
Já no segundo ano, quando eu e as pessoas da minha classe comentávamos esse fato, rimos muito.
Esse dia, esse fato, foi, realmente, um fato pitoresco.

67
Redação: Um fato pioresco

Lembro-me de uma tardezinha de outono, quando o sol já estava fraquinho, e de alguns minutos que me encontrava muito feliz.
Em um ônibus, voltando da escola, eu meditava um versiculo que havia lido um dia anterior. Não lembro como era exatamente, mas transmitia uma mensagem, mas ou menos assim:
"Que nem se quer uma folha cai, sem que Deus saiba".
Puxa, pensei de como Deus deve saber sobre nós, nos nossos pensamentos, das nossas piores e frágeis fraquezas, nos passarinhos de cantam hoje, amanhã ele sempre está presente. E pensei também na sua grandeza...
É que bom ter um Deus assim. De repente o vento fica mais forte, e através da janela uma folhinha cae certinho em minha mão.
Sorri, olhei para céu e disse obrigada Deus. E voltei com um pensamento mais firme que meu Deus existe.

68
Redação: Um fato pitoresco

Certa vez, eu era bem pequena, meu irmão ganhou de um senhor, conhecido dele, alguns livros antigos. Entre eles havia um dicionário português editado em 1889 em dois volumes.

No início, eu me lembro que meu irmão achou o dicionário muito interessante e até o encadernou formando um volume só. Ele trazia instruções, de certo modo até cômicas atualmente, de como matar mosquitos, preparar certos pratos e até algumas noções sobre desenho e direito civil. Mas como sempre acontece, nós acabamos esquecendo o dicionário antigo por muito tempo dentro de um armário.

A um ano atrás, eu creio, redescobri o dicionário e dentro dele uma coisa que me chamou muito a atenção: uma flor, um amor perfeito, onde estava escrito um nome de mulher e uma data. O nome era Maria e a data 1931.

Minha imaginação, então, ardeu de curiosidade: Quem seria esta mulher? Ela ainda estaria viva?

Até hoje, quando eu vejo aquela flor que permanece dentro do dicionário antigo, eu ainda sinto o desejo de conhecer a dona daquele nome e saber o que ela estava pensando quando escreveu aquelas letras, saber se aquela flor foi apanhada por suas próprias mãos ou se foi alguém que ela gostou muito que lhe deu a flor.

Eu não consegui descobrir quem ela foi, pois até mesmo o senhor que deu o dicionário ao meu irmão já faleceu, mas aquela flor já tão seca e velha eu vou guardar sempre, por que eu acho que estas coisas antigas tem uma sabedoria muito grande e uma linda e pitoresca história para contar.

69
Redação: Um fato pitoresco

Cada pessoa tem a possibilidade de viver emoções. O que diferencia essas emoções são as diversas maneiras como elas podem ser vividas. Narrarei abaixo algo incomum de acontecer. Foi conviver com pessoas que haviam experimentado uma experiência inacreditável: contato com seres de outros planetas. Como o lugar onde moram é afastado e com muitas campinas ao redor puderam observar várias vezes feixes luminosos que aterrisavam próximos de suas casas. Não puderam observar a nave de perto durante às primeiras aparições. Somente depois com o passar do tempo viram que se tratava de uma nave nunca antes vista ou projetada por qualquer homem terreno.

Era como o nosso planeta: redondo e achatado nos polos com muitas luzes no centro que acendiam e apagavam como as luzes das árvores de Natal. De certa ficaram atemorizados por tais aparições e achavam que era coisa do diabo ou outras crendices. Mas o fato só se tornou grave realmente quando um rapaz que morava na vizinhança sumiu misteriosamente e como aconteceu à noite, no mesmo horário em que aconteciam as aparições chegaram rapidamente à conclusão de que ele tinha sido levado para outro mundo. Na cidade a que pertenciam os sítios acima falados, houve o maior rebu em torno do assunto e até repórteres apareceram, algo que nunca havia acontecido.

Essa cidade, até então desconhecida passou a ser assunto até nos grandes jornais das cidades grandes próximas e na televisão. Mas para acabar com toda esta festa um fato ocorreu:

As aparições se interromperam e nunca mais foram vistas, o que desanimou todos porque estavam se tornando importantes por terem virado notícia de primeira página. Até mesmo então o prefeito que estava pensando seriamente em pedir uma verba maior para o próximo ano se desanimou de falar a esse respeito com o governador. E as reportagens foram se extinguindo cada vez mais até se falar no assunto somente como recordação do passado. O rapaz antes mencionado nunca mais deu sinais de vida.

Somente a sua mãe continuou dando importância ao fato e todos voltaram a ter a mesma vida rotineira de antes, como se nada houvesse acontecido, e como toda respeitosa cidade de interior, ficaram à espera de um fato mais interessante e que chamasse à atenção acontecesse.

70
Redação: "Um fato pitoresco"

Pode-se dizer que a partir daquele momento tomei consciência de que o tempo realmente nos é roubado sem nossa menor perscepção.

Estava a caminho do ponto de ônibus quando cruzei com um senhor de cabelos grisalhos segurando um cabide com ternos na mão. Já não era a primeira vez que acontecia esse encontro, pois diariamente esse mesmo senhor passava pela minha rua.

Aquela manhã pode-se dizer que "acordei" para a figura daquele homem, para o significado de sua presença em minha vida.

Na minha infância todas as tardes e também algumas manhãs, minhas irmãs e eu brincávamos na rua, e era infalível a presença daquele homem com um sempre sorriso nos lábios dizendo olá! Tudo ficou muito claro quando percebi que aquele mesmo senhor que agora acompanha meu caminho ao ponto de onibus, também me acompanhou durante toda minha infância quando ainda era possível ir à pé a escola, porque esta era muito próxima a minha casa.

Agora já não brinco mais na rua, não vou mais à pé para a escola e aquele senhor cujo nem o nome eu sei, me acompanhou e me acompanha até hoje.

Acredito que agora ele já tenha encontrado novas crianças para quem chutar a bola quando esta vá ao encontro de seus pés, esse mesmo homem que devido a idade hoje já anda mais lentamente mas que não por isso esqueceu-se do sorriso sempre amigo que me fez denominá-lo de vovô universal devido a sua sempre presença na vida de toda criança que existe dentro de nós.

71
Redação: Um fato pitoresco

Na realidade, não poderíamos ter tido melhor idéia que aquela de ontem à noite – pensei comigo.

Um pequeno grupo como o nosso, de apenas duas garotas e três rapazes, fazer uma viagem à Campos de Jordão pedindo carona. Incrível!

Mas nada seria impossível a esse nosso grupo, pois nossa união faria com que tivéssemos sucesso.

Numa sexta-feira à tarde, fomos para a estrada, munidos de barracas, mochilas e tudo o que seria necessário para nossa grande viagem. Apesar de nossa grande confiança no sucesso, cada um de nós tinha consigo um pouco de dinheiro.

Para que chegássemos ao nosso destino, conhecemos uma família ótima, embora fosse composta apenas de um casal. Isso, no primeiro carro, pois dois de nós foram em outro carro, amigos desta família.

Assim completamos a primeira etapa de nossa aventura.

E foram três dias incríveis, os de nossa estadia em tão amada cidade.

Agora nós preparávamos para partir rumo à casa de nossos pais. Havíamos conseguido chegar a tão alto ponto de nosso objetivo, que nos deixamos levar pelo sentimento de segurança e fé no bom êxito.

Às nove horas da manhã, ainda nos encontrávamos no acostamento da primeira estrada que devíamos seguir para voltar. E tínhamos chegado até ela às sete.

Não havia desânimo, mas sim uma perceptível preocupação no olhar de cada um de nós.

E, desse modo, fomos caminhando com nossas pesadas bagagens, por duas horas, até chegarmos até considerável trecho da estrada principal.

Lá, com nossos papéis indicando nosso destino, esperamos por algum carro que nos levasse.

Passamos mais duas horas desse modo. Foi impossível evitar a preocupação e o medo de que havíamos falhado.

De repente, um grande carro parou. Vi sorrisos nas bocas de meus amigos.

Assim, fomos até São Paulo. Apesar do quase total desconhecimento desta cidade, conseguimos chegar à rodoviária, onde tomamos um ônibus que nos trouxe até aqui.

Foi algo que nos assustou, mas que pode fortalecer nossa união e a certeza de ter, no futuro experiências notáveis para contar.

72
Redação: Um fato pitoresco

O fato se deu no bairro onde eu moro (Vila Industrial) nas imediações do Teatro Municipal Castro Mendes.

No local existe fontes luminosas, as quais proporcionam a formação daquilo que se poderia chamar lagos artificiais.

Em certo momento, a turma de rapazes à qual eu estava incorporado resolveu dar um banho em algum dos rapazes previamente escolhido.

O primeiro premiado foi um vizinho meu, que recebeu o banho grátis, num dos "agradáveis" lagos artificiais.

A escolha foi se sucedendo, mas os escolhidos abriam mão de tal gentileza. O tempo foi passando e como não poderia deixar de ser eu fui escolhido.

Então se iniciou uma verdadeira caça para me pegar. O jeito foi me defender com socos e pontapés, além de aplicar sucessivas fintas em meus companheiros.

Depois de algum tempo, consegui sai da praça Correa de Lemos, na qual fica localizada o Teatro Municipal Castro Mendes. Todavia, a caçada continuou e depois de quase ser atropelado por um coletivo, eu consegui chegar em casa.

Convém destacar que a aventura de quase ser atropleado deixou para trás meus perseguidores.

Meus companheiros foram até a minha casa pedir desculpas por tal acontecimento, mas aí que aconteceu o mais engraçado: eles encheram um recipiente com água e quando eu saí de casa recebi o banho grátis que antes eu havia recusado, fazendo que eu dissesse algumas gentilezas aos autores da brincadeira.

73
Redação: Um fato pitoresco

Fatos interessantes ocorrem sempre conosco. Um deles, que ocorreu comigo e meus pais, vocês podem até não entender. Foi o seguinte: uma vez, andando pelo cemitério, meu pai parou diante de um túmulo velho, abandonado e indagou: "– Será que alguém se lembra da pessoa que aqui jaz? Existem parentes ou alguém da família que costuma vir aqui?".

O curioso e que não havia quase ninguém no cemitério naquela tarde e de um dos corredores, lá de longe, vêm uma senhora e uma menina, e param justamente no mesmo túmulo em que nos encontrávamos. E, sem que ninguém perguntasse nada, a senhora disse: "– Esse que está ai era meu avô."

Agora é que vem a parte curiosa: meu pai estava em dúvida e, sem ninguém falar nada, aquela senhora veio lá para nos exclarecer. Vocês podem achar que foi pura coincidência, talvez até tenha sido, mas uma pessoa da mesma religião que a minha, analisaria diferente: pode ser que tenha sido algo feito pelos Espíritos. Porquê não? Eu creio nisso.

Houve outro fato nesses mesmos termos, só que desta vez ocorreu com minha mãe. Em uma manhã, ela disse para mim haver lido em um livro que certo alimento faria bem para o seu problema de coração. Tudo bem. Até aí, nada de anormal. Mas, à noite, ela veio me mostrar o livro e não havia nada escrito sobre aquele assunto. Tive a pachorra de reler o livro de "fio à pavil" e não encontrei nada a respeito daquele alimento.

Acontece que ela comeu aquilo que lera e melhorou de seu problema.

E agora? Como pode ser explicado este acontecimento? Como é que alguém pode ler algo que não está escrito, e ainda obter o resultado positivo?

É como disse, para mim foi obra Divina. Vocês analisem como quiserem ou puderem.

74
Um fato pitoresco

Fato pitoresco, tem acontecido constantemente no meu curso de tecnologia de alimentos.

Acontece coisas, que dificilmente se vê ou se ouve falar.

Outro dia, ou melhor, no ano passado, pisei em algo desagradável e que desagradável e que por sinal, contaminou toda a classe, com aquele odor.

Tia Foguinho e suas brincadeiras, o "tic joy", "el a batalha", etc...

Tempos passam e estamos no segundo ano de tecnologia de alimentos. Houve um contraste total, encontramos uma pessoa sensacional, é tão sensacional, que qualquer dia vai até chover cadernos, maquilagens, e outras coisas lá do fundo.

Esta turma, é tão sensacional, que outro dia, no laboratório, estava tão com o ... cheio que sem querer acabei bebendo um belo de um licor, que vem acompanhado de uma sobremesa sensacional, vinagre, vem até servido em um béquer. Era tão bom que acabei de beber e a Sandra Olivette já, tinha tomado também.

Se contasse, ninguém ía acreditar, o que aconteceu no laboratório de microbiologia. Fizemos um chucrutes, que se alguém comer vai dar "galho". Voava repolho para todos os lados, picamos tanto o repolho que no final tinha de tudo um pouco (o que tinha menos era repolho). O melhor de tudo mesmo, foi a Mara, (Iris) que na hora de limpar, varia tudo menos o repolho, se bobiássemos no caminho íamos para o lixo.

Tempos iguais a este dificilmente se verá.

Foi um bom tempo, vocês não acham!!!

75
"Um fato pitoresco"

Um fato pitoresco que acontece, não só comigo, mas com todas as pessoas que frequentemente cercam-me: é a vida.
Um fato pitoresco é a "nossa vida". Quantas vezes paramos prá pensar, em algo que nos foi dado, tão simples, tão grato, tão humilde, nos foi dado sem mais nem nenos. A vida é um dom no qual, nos paramos simplesmente para viver, para pensarmos em nós mesmos, mas nunca pensamos em algo valioso, submisso, estranho e até mesmo inlegível, que posso estar nas entralhas submissas e das trevas que de alguma forma nos rodeiam.
Muitas pessoas, passam horas e horas perdidas no tempo, mergulhadas em um pensamento fértil, mais muito distante. Quantas vezes, sentimos a mesma sensação.
Será que a vida tem um fim? Além? Mais quando? porque? como?
Acredito que só o futuro nos contará a respeito.
Sonho, em um dia, em qualquer parte deste imenso mundo, cheio de viajantes, poder encontrar o motivo, a razão, pela qual ganhamos um presente e não foi preciso agradecer, sorrir, chorar ou até mesmo pensar.
Será que além desta vida continuaremos a viver, em um além profundo, embebido de paz, amor fraternidade, onde todos os seus habitantes poderão pensar em ideias reais e únicas?
Será que encontraremos amigos verdadeiros, puros, humildes, mas sinceros?
Será que poderemos sentir o pôr do sol, com seus raios embebendo-nos de paz e paixão.
Será que encontraremos lugares puros, mares livres, pássaros nadando em um céu puro?
Acredito que tudo isso possa ser mera suposição, mas como não há morte sem vida não há mentira sem verdade.

76
Redação: Um fato pitoresco

A semana passada eu tive um sonho, em que eu passei por acaso em frente do Ginásio Taquaral com meu namorado e encontrei uma amiga do colégio. No Taquaral havia muitas pessoas e os carros estavam em cima dos canteiros.

E então quando encontrei Sandrinha perguntei o que estava ocorrendo naquele local. Dizia ela que estavam celebrando o passamento de uma criança.

Esta criança havia falecido em um incêndio que houve em um prédio nos Estados Unidos. E a criança estava fantasiada de Pierrot em um caixão de vidro em forma de uma cruz.

Não sabiam quem era a criança, só sabiam que era brasileira.

Sandrinha desconfiava que era seu vizinho, e que havia sido rapitado à poucos dias. Seus pais não sabia do paradeiro do filho.

Os pais desta criança foi ao Taquaral conferir se era seu filho. O pai dizia que não porque os olhos daquela criança era menos azuis que os olhos do seu filho. A mãe falava e confirmava que era seu filho.

Na manhã seguinte contei para Sandra o meu sonho. E ela me disse que Rodrigo havia sumido.

77
Redação: Um fato pitoresco

Eu tinha acabado de chegar no camping, e logo conheci a garota que me deixou atordoado.

Como se diz na gíria, posso dizer, fiquei "sacudido" pela garota que parecia corresponder plenamente.

Estávamos na piscina, quando meu primo que veio comigo, convidou-nos para jogar baralho.

Quando eu disse que não iria ela também disse o mesmo, e esta tinha aceitado o convite, por fim, acabei indo e ela me acompanhou.

Chegou à tarde, este fato acima passara-se de manhã, e fomos à piscina nadar, no camping havia duas piscina, porém uma delas estava em tratamento, assim fomos na seguinte.

Quando estávamos nadando, ela pegou minha camisa, por brincadeira e saiu correndo para a outra piscina deste camping, por onde passávamos por matos e árvores.

Não consegui encontrá-la, mas, muito tempo após, nos encontramos na outra piscina, onde o irmãozinho desta, por brincadeira empurrou-me para dentro d'água.

Como a piscina estava em tratamento, tive que entrar em um chuveiro com água quente para retirar a substância usada na piscina.

Disse que após o banho iria a piscina própria para a brincadeira que iríamos fazer, ou seja, jogar pólo-aquático.

Depois de uma tarde "maravilhosa", fui tomar meu banho, e ela o seu.

À noite nos encontramos na lanchonete do camping, onde conversamos até muito tarde.

Meu primo e uma prima dela chegaram, e ficamos jogando pimbolim, mas eu e ela, não estávamos pensando "exatamente" no jogo.

Não tirávamos o olho um do outro, nos amávamos por telepatia.

Quando já eram umas duas horas da manhã, acompanhei-a a sua barraca e fui dormir.

No outro dia, não sei porque razão, quis terminar o que não havia nem acontecido, o meu pedido de namoro.

Dei um "fora" nesta, segundo a gíria, e subi a lanchonete para jogar ping pong.

Ela, por raiva, aceitou o pedido de namoro de meu primo que estava "vidrado" nela.

Ela sempre deixava transparecer sua paixão por mim, e como havia uma prima dela interessada em mim, começou a ficar brava à toa, querendo sempre deixar-me nervoso.

Neste dia, à noite, eu já havia tomado banho e tinha ido à lanchonete beber uma cerveja, meu primo e "ela" estavam na piscina nadando com conhecidos.

Quando eu, com a cerveja, comecei a conversar com uma garota conhecida, deixei a cerveja na janela, meu primo viu e, rapidamente correu até esta.

Eu, parei de conversar, e corri também disputando a minha cerveja.

Meu primo estava completamente molhado, e eu bem arrumado, os dois batedos e eu além de me molhar, ainda tomei banho de cerveja.

Muito bravo, desci da mesa e fui para minha barraca, mas como a iluminação estava falha e havia chovido à tarde, sem enxergar, entrei em uma poça de lama.

Todo enlamaçado, fui para à barraca, dizendo palavras não muito agradáveis.

Quando todos chegaram, trouxeram uma bebida forte, e eu, estando meio fora de si por tudo que me acontecera de dia, embebedei-me.

Levaram-me perto da lanchonete, que já estava fechada, por ser muito tarde, e ficaram lá conversando, enquanto eu tentava me recuperar do efeito da bebida.
Antes de todos irmos dormir, eu já estava recuperado e agradecendo a todos fui dormir.
Fiquei sempre no namoro telepático com esta garota que gostava muito de mim, e eu, um tolo, mesmo gostando dela, desprezei-a. Espero ainda vê-la para me redimir.

78
Redação: Um fato pitoresco

Aconteceu a muitos anos atrás, quando eu tinha uns seis anos de idade, eu morava em Indaiatuba, e sempre ia ao clube nos fins de semana. Um dia eu fui ao clube com a minha irmã, como eu era pequena e teimosa, resolvi ir nadar com a minha irma na piscina mais funda do clube, pois bem, eu entrei e me agarrei nas bordas da piscina. Minha irmã que estava comigo resolveu sair d'água e tomar um pouco de sol, como ela estava naquela idade da "paquera", ficou conversando com um garoto e me esqueceu lá dentro da piscina, na verdade ela esqueceu que eu existia, pois eu fiquei tanto tempo na piscina esperando que ela viesse me tirar, mas como já havia me esgotado a paciência, eu resolvi sair sozinha de lá. Pois bem, eu comecei a agarrar na borda da piscina e a nadar (aí que aconteceu o "estrondo") qdo eu fui agarrar na borda da piscina pela segunda vez, minha mão escapou e eu "puft" afundei. Eu estava com um pouco de medo (imagine só), qdo dei por mim, eu estava lá no fundo da piscina, vendo os "pés" nadarem a minha volta, minha sorte foi que justo nessa hora minha irmã deu por minha falta e resolveu me procurar, foi aí que ela viu que eu estava "*brincando com os pezinhos*" no fundo da piscina.
Ainda bem que ela se lembrou de mim, pois se não eu não estaria aqui agora, falar a verdade eu acho que foi o garoto (que ela estava conversando) que sentiu minha falta, porque se eu fosse esperar por ela coitada de mim.

79
Redação: Um fato pitoresco

Um fato curioso foi o modo pelo qual conheci meu atual namorado. Aconteceu no colégio em que estudava. Eu fazia diurno e ele noturno.

Foi um modo gozado, pois foi através de uma carteira escolar. Uma vez, deixei um pensamento na carteira e meu nome embaixo, quando a classe dele teve aula, por coincidência, ele leu o pensamento e gostou e assim começamos a troca de poemas, pensamentos, nos conhecemos e travamos uma grande amizade.

Houve um bom relacionamento entre a gente e daí nasceu o namoro. É gostoso se ver como coisas tão miúdas, detalhes tão pequenos se transformam em um fato tão importante, como tomam conta da nossa vida. Como foi possível através de um simples pensamento descobrir que há uma pessoa que pensa como eu, que tem os mesmos valores que eu.

Num mundo em que quase não existe mais comunicação, um mero poema una duas pessoas e quem sabe, talvez, duas vidas!

80
Redação: Um fato pitoresco

Eu costumo viajar muito, e numa dessas viagens aconteceu um fato tragico.
 Minha prima e eu estavamos de manhã em frente sua casa quando vimos um portão cair.
 Nós nem se tocamos de colocar o portão no lugar e quando foi a tarde aconteceu uma tragedia.
 Uma amiga da minha prima e minha prima sairam escondidas para eu não ir junto com elas, quando fui procura-las não encontrei-as em casa então fui na casa de sua amiga.
 Quando eu estava caminhando na calçada inevitavelmente esbarrei em uma das pontas do portão que havia caido de manhã e furei a veia do pé esquerdo.
 Naquele momento fiquei sem ação e meu corpo se amoleceu todo.
 Minha tia desesperada chamou um taxi e me levou ao pronto socorro.
 Quando minha prima chegou em casa e não encontrou ninguém ficou desesperada.
 Logo em seguida chegamos do pronto socorro minha prima quando viu meu pé ficou apavorada e prometeu que nunca mais sairia escondido.

81
Redação: "Um fato pitoresco"

Um dia fui à cidade com minha prima e de repente resolvemos ir tomar um "Sandae" nas lojas Americanas. Eu teria que comprar algumas folhas em uma papelaria e então depois iríamos "ao sorvete". Mas eu muito inteligente pensei que o meu dinheiro desse para pagar os dois sorvetes, pois fui eu que a convidei e ainda sobrasse para voltar para casa.

Bem, tomamos o sorvete e fomos ao caixa para acertar a conta. Quando eu vi a notinha eu não acreditei. A conta dera mais daquilo que eu tinha na bolsa e não dava para pagar os dois sorvetes devido a conta errada que eu havia feito de cabeça antes de tomarmos esse famoso sorvete.

A nossa sorte foi que minha prima tinha ainda algumas moedas jogadas na bolsa e a quantidade que tinha era justamente a quantidade que faltava para pagar a conta. Bem, "Graças a Deus" nos saímos bem nesta, mas heis que surge um outro pequeno probleminha; não tínhamos dinheiro para voltar para casa. Nossa única chance era procurar seu tio no seu trabalho que por sorte trabalhava no centro da cidade e pedir emprestado para voltar para casa.

Nem sei como o encontramos lá é muito raro, ele sai muito. Mas enfim conseguimos.

Foi sufocante. Acho que nunca mais vou me esquecer dessa lição que tive a quase quatro anos atrás.

82
Redação: Um fato pitoresco

Certa manhã, eu estava indo ao colégio, peguei o ônibus. Passei pela roleta e sentei atrás do motorista, em um banco de uma só pessoa. Mas como ainda não era sete horas, eu estava com muito sono.

Com isso, me distraí completamente, esquecendo de me segurar nas curvas. Mas como as curvas não eram muito grandes, eu continuei distraída.

O ônibus, no centro, desce ao lado da prefeitura, na rua Barreto Leme, e pega a avenida Anchieta, em direção à cidade.

O sinal estava aberto, e o ônibus correndo.

Quando ele fez a curva, como eu estava sentada, mas distraída, r:: me segurei, pois não vi o sinal, eu caí no meio do corredor do ônibus, sentada. O meu material se espalhou totalmente pelo ônibus. Eu fiquei com tanta vergonha que comecei a rir, e me sentei novamente me esquecendo de pegar o material.

Quando chegou no terminal, que o ônibus parou, fui catar o material. Nesta hora, o motorista veio conversar comigo, perguntando se eu tinha me machucado. Eu disse que não, e na hora que fui sair do ônibus, tropecei no degrau (tinha uma ripa de metral solta na ponta do degrau) e caí no mercado. Levantei, rindo, e continuei o meu caminho até o colégio.

Depois dos dois tombos, eu acordei de vez.

83
Redação: Um fato pitoresco

Aconteceu, em uma época em que eu andava muito preocupada com a vida.

Quando pensei que as coisas estavam chegando aos seus devidos lugares, me acontece uma coisa extraordinária. Conheci um rapaz pelo qual meu coração bateu bem mais forte e a partir daí houve uma reviravolta na minha vida.

Comecei a achar um novo sentido na vida, a ver as flores e os pássaros com maior ternura e como que num passe de mágica eu estava apaixonada, apaixonada por alguém que acabara de conhecer.

Foi um fato que marcou tremendamente minha vida e que me fez sentir a importância do amor em nossa vida.

84
Redação: Um fato pitoresco

O fato que vou contar é um fato trágico. Estava eu andando pela rua sem prestar muita atenção ao povo, pois eram muitas pessoas a andar, parece que sem rumo, e meus olhos não conseguia acompanhar todos.

Era uma tarde de muito sol e calor, e eu como várias outras pessoas caminhava distraída e sempre parando para olhar vitrines e camelôs que por ali se aglomeraram e foi em uma dessas aglomerações que eu assisti a uma cena que me marcou muito.

A aglomeração era em volta de um camelô que vendia objetos

que segundo ele eram importados e alguns eram verdadeiros "milagres" da tecnologia. Ao meu lado havia uma senhora, talvez uns 30 anos mais ou menos, e logo atrás dela um garoto, que não devia ter mais que 15 anos.

O fato ocorreu tão rapidamente que é difícil lembrar com exatidão. O garoto talvez querendo roubar a bolsa desta senhora e encontrando resistência desferiu-lhe um violento golpe de faca nas costas da mulher fugindo a seguir.

As pessoas que estavam à sua volta ficaram, assim como eu, estarrecidas e mal conseguiam ter qualquer reação de pelo menos salvar a vida desta mulher.

E como sempre acontece no fim de certas histórias a mulher acabou morrendo ali mesmo sem que ninguém tomasse muito conhecimento do que havia acontecido e eu, que na época fiquei muito chocada com o fato, continuei o meu caminho pela mesma rua, mas desta vez com a sensação de que a facada foi em mim.

85
O dia da luz da eternidade

O dia que vi alguém nascer de novo e junto comigo outras vidas recomeçaram. Vidas outrora apagadas, onde todos tateavam em busca do seu eu, e em meio a tanto verde, águas e clima de amor, nascemos, nascemos para a luz, luz da eterna vida.

Pessoas de todos os lugares do Brasil se encontraram ali, em Furnas na fazenda, chegamos em busca de algo, não sabíamos o que, mas íamos com a certeza de que conseguiríamos, depois de três dias de acampamento, de palestras, conversas e brincadeiras tivemos um tempo para nós, uma noite, nessa noite, as estrelas pontilhavam o céu e as víamos lindas pois não havia iluminação, só a de alguns lampiões, nessa noite, olhando para a represa e para a lua vermelha que começava a nascer realmente senti que a paz queria me acompanhar mas estava cega em não compreender que a verdade estava ali, era Deus querendo nos amar.

O que os olhos da alma vêem e o coração sente ninguém consegue contar.

Mas eu sei que Deus é real e eu vi a Deus, porque ali estava como todos, realmente me sentindo amada desde esse dia eu vivo.